Reinhardt Grossmann • Die Existenz der Welt
Eine Einführung in die Ontologie

λόγος
Studien zur Logik, Sprachphilosophie und Metaphysik

Herausgegeben von / Edited by

Volker Halbach • Alexander Hieke
Hannes Leitgeb • Holger Sturm

Band 1 / Volume 1

Reinhardt Grossmann

Die Existenz der Welt

Eine Einführung in die Ontologie

Zweite überarbeitete und verbesserte Auflage

Bibliographic information published by Die Deutsche Bibliothek
Die Deutsche Bibliothek lists this publication in the Deutsche Nationalbibliographie;
detailed bibliographic data is available in the Internet at http://dnb.ddb.de

Übersetzt von Rafael Hüntelmann

©2004 ontos verlag
Postfach 1541 • 63133 Heusenstamm b. Frankfurt

ISBN 3-937202-38-2 (Germany)

2004

Alle Texte, etwaige Grafiken, Layouts und alle sonstigen schöpferischen
Teile dieses Buches sind u.a. urheberrechtlich geschützt. Nachdruck, Speicherung,
Sendung und Vervielfältigung in jeder Form, insbesondere Kopieren, Digitalisieren, Smoothing,
Komprimierung, Konvertierung in andere Formate, Farbverfremdung sowie Bearbeitung
und Übertragung des Werkes oder von Teilen desselben in andere Medien und Speicher
sind ohne vorherige schriftliche Zustimmung des Verlages unzulässig
und werden verfolgt.

Gedruckt auf säurefreiem, alterungsbeständigem Papier,
hergestellt aus chlorfrei gebleichtem Zellstoff (TcF-Norm).

Printed in Germany.

Inhalt

I. Die Entdeckung der Welt: Zeitloses Sein — 11
Die Natur der Klassifikation
Platons zwei Reiche
Die Welt versus das Universum
Das Eine über dem Vielen

II. Die Schlacht um die Welt: Universalien — 27
Porphyrius, Boethius und das Mittelalter
Das Problem der Lokalisierung
Eigenschaftsinstanzen
Abstraktion

III. Die Struktur der Welt: Die Kategorien — 65
Kategorien
Strukturen
Relationen
Mengen
Zahlen
Tatsachen
Die Kategorie der Welt
Notwendigkeit

IV. Das Substrat der Welt — 115
Seinsweisen
Existenz als Eigenschaft
Existenz als Selbstidentität
Existenz als Eigenschaft von Eigenschaften
Versuche zur Definition der Existenz
Die Natur der Existenz
Die Variable Objekt
Negative Existenzen

V.	Das Geheimnis der Welt: Negation	149
	Viel Lärm um Nichts	
	Nicht-Sein	
	Bekanntschaft mit negativen Tatsachen	
	Die Natur der Negation	

Bibliographie 165

Fremder: Zwischen diesen scheint mir nun ein wahrer Riesenkrieg zu sein, wegen ihrer Uneinigkeit untereinander über das Sein.
Theaitetos: Wieso?
Fremder: Die einen ziehen alles aus dem Himmel und dem Unsichtbaren auf die Erde herab, mit ihren Händen buchstäblich Felsen und Eichen umklammernd. Denn an dergleichen alles halten sie sich und behaupten, das allein sei, woran man sich stoßen und was man betasten könne, indem sie Körper und Sein für einerlei erklären; und wenn von den anderen einer sagt, es sei auch etwas, was keinen Leib habe, achten sie darauf ganz und gar nicht und wollen nichts anderes hören.
Theaitetos: Ja arge Leute sind das, von denen du sprichst, denn ich bin auch schon auf mehrere solche getroffen.
Fremder: Daher auch die gegen sie Streitenden sich gar vorsichtig von oben herab aus dem Unsichtbaren verteidigen und behaupten, gewisse denkbare, unkörperliche Ideen wären das wahre Sein, die Körper jener aber und was sie das Wahre nennen, stoßen sie ganz klein in ihren Reden, und schreiben ihnen statt des Seins nur ein bewegliches Werden zu. Zwischen ihnen aber, o Theaitetos, ist hierüber ein unermeßliches Schlachtgetümmel immerwährend.

Platon, *Sophistes* 246a-c

KAPITEL I

Die Entdeckung der Welt
Zeitloses Sein

Die Natur der Klassifikation

Die Ontologie stellt zwei zusammenhängende Fragen und versucht, diese zu beantworten. Was sind die Kategorien der Welt? Und was sind die Gesetze, die diese Kategorien beherrschen? In der Chemie, zum Vergleich, sucht man nach den chemischen Elementen und den Gesetzen der Chemie; in der Physik nach elementaren Partikeln und deren Gesetzen. Kategorien sind für die Ontologie das, was diese grundlegenden Bausteine des Universums für die Naturwissenschaften sind. Aber die Ontologie ist keine Wissenschaft unter anderen Wissenschaften. Ihr Umfang ist erheblich größer als der anderer Wissenschaften. Um zu sehen, wie die Ontologie sich von anderen Wissenschaften unterscheidet, müssen wir vor allem den Begriff der Kategorie verstehen. Unsere erste Frage lautet daher: Was ist eine Kategorie?

Griechische Philosophen wie Empedokles (5. Jhrd. v Chr.) vertraten die Theorie, daß alles aus den vier Elementen Erde, Wasser, Feuer und Luft gemacht ist. Diese vier grundlegenden Arten von Dingen, kombiniert in verschiedenen Proportionen, bilden zum Beispiel den Stuhl, auf dem ich sitze, oder die Haare auf meinem Kopf und die Sonne, die draußen vor meinem Fenster scheint. Wie unterscheiden sich diese vier Elemente von allen anderen? Nun, Feuer ist heiß, und Wasser ist naß. Was auch immer heiß ist, was diese Eigenschaft der Hitze hat, ist Feuer; und alles, was naß ist, ist eine Menge Wasser. Im Falle von Luft und Wasser ist dies intuitiv weniger klar. Aber weil diese Philosophen auch glaubten, daß diese vier Elemente im Gegensatz zueinander stehen, war die anerkannte Antwort, daß Luft als Gegensatz zu Feuer trocken ist und daß Erde als Gegensatz zu Feuer kalt ist. Was wir auch immer heute über dieses rudimentäre Stück chemischer Spekulation denken mögen, so fallen doch zwei Dinge ins Auge. Erstens haben wir es tatsächlich mit einer chemischen Theorie zu tun, so einfach sie uns auch heute erscheinen mag. Und zweitens werden die vier Elemente durch charakteristische Eigenschaften unterschieden, die sie angeblich haben: Feuer durch Heißsein; Wasser durch Naßsein, Luft durch Trockensein und Erde durch Kaltsein.

Die Chemie hat seit Empedokles einen langen Weg zurückgelegt. Als ich zuletzt in ein Chemiebuch schaute, gab es 106 Elemente. Diese Elemente wurden nicht voneinander unterschieden durch Eigenschaften wie Hitze oder Nässe, sondern durch vollkommen andere Eigenschaften. Wasserstoff zum Beispiel ist bei normaler Temperatur ein Gas, aber bei niedrigeren Temperaturen flüssig; und es hat eine gewisse Dichte bei einer bestimmten Temperatur und einem bestimmten Druck. Das *Prinzip* der Klassifikation der Elemente jedoch ist dasselbe wie zur Zeit des Empedokles: *Dinge sind aufgrund der ihnen zukommenden Eigenschaften voneinander verschieden*. Nennen wir dies das ‚Prinzip der Klassifikation'. Doch ist dieses Prinzip nicht auf die Chemie begrenzt. Jede Klassifikation individueller Dinge, ob chemischer Elemente, Elementartcilchcn, Pflanzen, Tiere, Menschen oder was auch immer, beruht auf der Unterscheidung zwischen diesen individuellen Dingen einerseits und deren Eigenschaften andererseits. Wale zum Beispiel werden nicht als Fische, sondern als Säugetiere klassifiziert aufgrund der Eigenschaft, daß sie lebende Babywale gebären.

Irgend jemand muß verstanden haben, daß die Grundlage jeder Klassifikation individueller Dinge, nämlich die Unterscheidung zwischen diesen Dingen und ihren Eigenschaften, selbst eine Klassifikation ist. Doch ist dies nicht eine Klassifikation *individueller Dinge* – einer Menge Wasser oder Erde, oder eines individuellen Stückchens Gold oder Eisen oder individueller Wale oder Karpfen – sondern von Entitäten überhaupt. Es ist eine Klassifikation jeder Art von Existierenden. Sie unterscheidet alles, was es gibt, in zwei große Gruppen von Existierenden, nämlich in individuelle Dinge einerseits und deren Eigenschaften andererseits. Jede ‚gewöhnliche' Klassifikation beruht auf der fundamentalsten Klassifikation von Dingen in Individuen und deren Eigenschaften. Um diese Klassifikation von allen anderen zu unterscheiden, werden wir von *Kategorisierung* sprechen. *Entitäten*, so werden wir sagen, *werden kategorisiert*. Die Arten von Dingen, welche von der Kategorisierung unterschieden werden, heißen ‚Kategorien'. Wir wissen, daß es mindestens zwei Kategorien gibt, d.h. zwei Arten von Entitäten (Existierenden), nämlich *individuelle Dinge* und *Eigenschaften* von individuellen Dingen.

Gewisse individuelle Dinge – sehr kleine – werden als Elektronen, Positronen, Neutronen etc. klassifiziert. Andere werden als Eisen, Wasserstoff, Sauerstoff etc. klassifiziert. Wieder andere werden klassifiziert als Säugetiere, Reptilien, Vögel etc. und so weiter und so fort. Dies alles sind, wie schon gesagt, Klassifizierungen individueller Dinge durch deren Eigenschaften. Aber wir können nicht nur individuelle Dinge, sondern Dinge überhaupt, – das, was ich ‚Existierende' oder ‚Entitäten' genannt habe, – in die zwei Gruppen individueller Dinge und die Eigenschaften individueller Dinge einteilen. Um diese fundamentale Klassifikation von solchen zu unterscheiden, die daraus gebildet wurden, sprach ich von Kategorisierung. Aber diese Kategorisierung führt unmittelbar zu einer wichtigen Frage: Wenn alle Klassifikationen auf dem Prinzip der Klassifikation beruhen, muß auch unsere Kategorisierung auf diesem Prinzip beruhen, und so müssen wir fragen: Welche Eigenschaft (oder Eigenschaften) unterscheidet zwischen den beiden Kategorien individueller Dinge und der Eigenschaft eines individuellen Dinges? Wie unterscheiden sich individuelle Dinge grundsätzlich von Eigenschaften individueller Dinge? Auf diese Frage gab ein anderer griechischer Philosoph die erstaunlichste Antwort.

Platons zwei Reiche

Platon (427 – 347 v. Chr.) machte die Unterscheidung zwischen individuellen Dingen und deren Eigenschaften zum Grundstein seiner Philosophie. Er unterschied zwischen zwei Reichen: dem Reich der veränderlichen individuellen Dinge und dem Reich der unveränderlichen Eigenschaften. Er gebrauchte nicht diese Begriffe, aber seine Theorie lief darauf hinaus, daß Individuen sich von Eigenschaften durch die Tatsache unterscheiden, daß sich die ersteren verändern, während die letzteren dies nicht tun. Bedenken wir einen Apfel, den ich gestern kaufte und in meinem Kühlschrank aufbewahrte. Etwa einen Monat später wird er viel kleiner sein als jetzt. Er hat seine Form verändert. Ebenso hat er seine Farbe geändert. Zu einer früheren Zeit, als er noch nicht reif war, war er grün; jetzt ist er rot. Hier haben wir ein sich änderndes individuelles Ding. Doch denken wir nun an eine bestimmte Farbschattierung, eine bestimmte Rotschattierung, die der Apfel zufällig jetzt hat. Ändert sich diese Rotschattierung jemals? Ich sehe nicht, wie dies geschehen soll oder wie eine solche Änderung möglich sein soll. Natürlich kann die Farbe des *Apfels* wechseln: zuerst war der Apfel grün, jetzt ist er rot. Dies ist aber eine Veränderung der Farbe des Apfels und nicht eine Änderung der Farbe rot selbst. Was könnte es auch bedeuten, daß sich die Farbschattierung ändert? Nun, diese bestimmte Schattierung von rot ist eine Farbe. Sie hat die Eigenschaft, eine Farbe zu sein. Um sich zu ändern könnte es diese Eigenschaft, eine Farbe zu sein, mit einer anderen Eigenschaft tauschen, so wie der Apfel sich von grün zu rot änderte. Zum Beispiel könnte die Farbschattierung aufhören, eine Farbe zu sein, sie könnte aufhören, diese Eigenschaft zu haben, und die Eigenschaft erlangen, eine Form zu sein. Sobald wir es in dieser Weise darstellen, wird deutlich, daß die Farbe sich nicht wirklich ändern kann. Diese Rotschattierung kann nicht wirklich aufhören, eine Farbe zu sein und statt dessen zu einer Form werden.

Ich möchte zwei Passagen aus Platons *Phaedon* zitieren, in denen er die Unterscheidung zwischen individuellen Dingen und deren Eigenschaften macht und in denen er behauptet, daß Eigenschaften, im Unterschied zu individuellen Dingen, sich nicht ändern. Der Kontext der ersten zitierten Stelle ist der folgende: Sokrates, der für Platon spricht, argumentiert, daß die Seele unsterblich ist und ein Wissen hat, bevor wir geboren werden. Um dies zu zeigen, vergleicht Sokrates ähnliche Dinge mit der Eigenschaft der Ähnlichkeit und fährt dann fort mit der Behauptung, daß die Seele die Eigenschaft vor der Geburt kennt:

> Wohlan denn, sprach jener, sieh zu, ob sich dies so verhält. Wir nennen doch etwas gleich. Ich meine nicht ein Holz dem anderen oder einen Stein dem anderen noch irgendetwas dergleichen, sondern außer diesem allen etwas anderes, das Gleiche selbst, sagen wir, daß das etwas ist oder nichts?
> Etwas, beim Zeus, sprach Simmias, ganz stark.
> Erkennen wir auch dieses, was es ist?
> Allerdings, sprach er.
> Woher nahmen wir aber seine Erkenntnis? Nicht aus dem, was wir eben sagten, wenn wir Hölzer oder Steine oder irgend andere gleiche Dinge sahen, haben wir nicht bei diesen uns jenes vorgestellt, was doch verschieden ist von diesen? Oder scheint es dir nicht verschieden zu sein? Bedenke es nur auch so. Erscheinen dir nicht gleiche Steine oder Hölzer, ganz dieselben bleibend, bisweilen als gleich und dann wieder nicht?

O ja.
Wie aber, die gleichen Dinge selbst erscheinen dir bisweilen als ungleich; etwa auch die Gleichheit als Ungleichheit?
Nimmermehr wohl, Sokrates.
Also, sprach er, sind jene gleichen Dinge und dieses Gleiche selbst nicht dasselbe.
Offenbar, keineswegs, o Sokrates.
(Phaedon 74a,b)

Platons Beispiel ist hier die ‚Eigenschaft' der Ähnlichkeit, und er unterscheidet klar zwischen ähnlichen Dingen und der ‚abstrakten Ähnlichkeit', d.i. die Eigenschaft der Ähnlichkeit. Im nächsten Zitat stellt Platon fest, daß abstrakte Eigenschaften unveränderlich sind, während individuelle Dinge sich ändern:

> Das Gleiche selbst, das Schöne selbst und so jegliches, was nur ist, selbst, nimmt das wohl jemals auch nur irgendeine Veränderung an? Oder verhält sich nicht jedes dergleichen als ein einartiges Sein an und für sich immer auf gleiche Weise und nimmt niemals auf irgendeine Weise irgendwie eine Veränderung an?
> Auf gleiche Weise, sprach Kebes, und einerlei verhält es sich notwendig, o Sokrates.
> Wie aber das viele Schöne, wie Menschen, Pferde, Kleider oder sonst irgend etwas dergleichen Schönes oder Gleiches oder sonst einem von jenen Gleichnamiges, verhalten sich auch diese immer gleich, oder ganz jenem entgegengesetzt, weder mit sich selbst jedes noch untereinander jemals, um es kurz zu sagen, auch nur im mindesten gleich?
> Wiederum so, sprach Kebes, scheint mir dieses niemals einerlei sich zu verhalten. (Phaedon 78d,e)

Um zur grundlegendsten Differenz zwischen veränderlichen Individuen und unveränderlichen Eigenschaften zu kommen, müssen wir die Natur der Änderung bedenken. Der Apfel aus unserem früheren Beispiel veränderte seine Farbe von grün zu rot. Dies bedeutet, daß er zu einer bestimmten Zeit grün ist, während er zu einer anderen (späteren) Zeit rot ist. Damit sich ein individuelles Ding ändert, muß es verschiedene Eigenschaften zu unterschiedlichen Zeiten seiner Existenz haben. Daher setzt Veränderung voraus, daß ein Ding in der Zeit dauert, daß es in der Zeit existiert, daß es eine Dauer hat. Nur Dinge, die in der Zeit existieren, haben die Möglichkeit sich zu ändern. Daraus folgt, daß alle individuellen Dinge in der Zeit existieren müssen. Sie müssen, um es kurz zu sagen, zeitlich (temporal) sein. Muß ein Ding, wenn es zeitlich ist, Veränderung erleiden? Es scheint, daß Platon dies gedacht hat. Es scheint, daß er nicht nur annahm, daß individuelle Dinge zeitlich sind, sondern auch, daß Eigenschaften nicht-zeitlich (atemporal) sind; sie sind nicht in der Zeit; sie existieren nicht in der Zeit; sie haben keine Dauer. Ich glaube, daß Platon recht hat: *Alle individuellen Dinge sind zeitlich, während alle Eigenschaften unzeitlich (atemporal) sind.*

In Bezug zu Platon haben wir gesehen, daß es zwei Reiche gibt: Das Reich der zeitlichen Dinge, Dinge, die in der Zeit existieren, und das Reich der nicht-zeitlichen Dinge, von Dingen, die nicht in der Zeit existieren. Zum ersten Reich gehören die uns umgebenden individuellen Dinge; zum zweiten deren Eigenschaften.

Natürlich entsteht hier die Frage, ob es ebenso der Fall ist, daß alle individuellen Dinge im Raum sind, daß sie räumlich sind, während alle Eigenschaften nicht im Raum existieren, nicht räumlich sind. Mit anderen Worten, deckt sich die Unterscheidung zwischen zeitlichen und zeitlosen Dingen mit der Unterscheidung zwischen räumlichen und nichträumlichen Dingen? Der Apfel, der unser Beispiel für ein Individuum ist, existiert ganz offensichtlich im Raum: er ist lokalisiert zu verschiedenen Zeiten an unterschiedlichen Orten, zunächst am Baum, drei Kilometer südlich von meinem Haus und jetzt in meinem Kühlschrank, fast zweihundert Kilometer südöstlich von Chicago. Ebenso hat er gewisse räumliche Eigenschaften. Zum Beispiel war er klein, als er grün war und noch am Baum wuchs, während er jetzt viel größer ist. Auch hat er jetzt eine gewisse Form; er ist ungefähr kugelförmig. Kurz gesagt, zu einer bestimmten Zeit ist der Apfel im Raum lokalisiert, und er hat eine Form und eine Größe. Sind alle individuellen Dinge in dieser Hinsicht ähnlich wie der Apfel? Sind sie alle im Raum lokalisiert und haben sie alle eine Form und eine Größe? Es gibt viele Philosophen, und ich bin einer von ihnen, die glauben, daß es individuelle Dinge gibt, die nicht räumlich sind. Ein Beispiel dafür mag der Gedanke sein; zum Beispiel der Gedanke, daß ich vergessen habe, mein Mittagessen mit ins Büro zu nehmen. Nun, dieser Gedanke besteht in mir zu einem bestimmten Moment; er ist in der Zeit lokalisiert. Er besteht fünf Minuten vor Zwölf, gerade als ich fertig bin, um das Mittagessen einzunehmen. Er ist in der Zeit lokalisiert, aber nicht im Raum. Es ist klar, daß er weder eine Form noch eine Größe hat. Der Gedanke, daß ich vergessen habe, mein Mittagessen mitzunehmen, ist weder rund noch quadratisch. Auch hat er nicht eine bestimmte Länge oder einen gewissen Durchmesser. Ist er im Raum lokalisiert? Ich glaube nicht. Dieser Gedanke ist weder ‚in meinem Kopf', noch besteht er viele Kilometer südlich von Chicago. Was ‚in meinem Kopf' ist, ist, richtig verstanden, nicht mein Gedanke, sondern mein Gehirn und alles, was in meinem Gehirn geschieht, all die chemischen und anderen Arten von Prozessen. Man kann nur dann schließen, daß der Gedanke selbst ‚in meinem Kopf' lokalisiert ist, wenn man annimmt, daß mein Gedanke *identisch* ist mit dem, was in meinem Gehirn geschieht. Daran hängt eine lange und verwickelte philosophische Geschichte. Wir können diese Thematik hier nicht diskutieren. Ich möchte nur herausstellen, daß es bezüglich einiger Philosophen zwei verschiedene Arten zeitlicher Dinge gibt: einige Dinge, wie der Apfel, sind räumlich, während andere, wie mein Gedanke, nicht räumlich sind. Andere Philosophen hingegen verteidigen die Auffassung, daß alle zeitlichen Dinge räumlich sind, so daß alles, was zeitlich ist, sich mit all dem, was räumlich ist, deckt.

Natürlich gibt es diese Koinzidenz nur, wenn wir annehmen, daß kein zeitloses Ding räumlich ist. Ich glaube, daß dies in der Tat eine richtige Annahme ist: *Alle zeitlosen Dinge sind nicht räumlich*. Ein Beispiel wird erneut hilfreich sein, diese Position zu klären. Denken wir an die Farbschattierung meines Apfels in meinem Kühlschrank, eine gewisse Rotschattierung. Hat diese Schattierung eine Form oder eine Größe? Offensichtlich nicht. Die Farbschattierung ist nicht rund oder quadratisch, und sie hat auch keine bestimmte Länge oder einen gewissen Umfang. Natürlich hat der Apfel eine gewisse Form und eine Größe, wie wir schon zuvor bemerkten, aber der Apfel ist nicht die Farbe, die er hat. Während es offensichtlich ist, daß die Farbe keine Form oder Größe hat, ist es nicht ganz so offensichtlich, daß sie nicht im Raum *lokalisiert* ist. Ist sie nicht dort, wo der Apfel ist, dort drüben im Kühlschrank? Die Frage, ob Eigenschaften im Raum lokalisiert sind, wird uns über viele Seiten beschäftigen. Es ist eines der wichtigsten Probleme der Ontologie. Für den Augenblick möchte ich nur feststellen, daß einige Philosophen und insbesondere Platon, die Auffassung vertreten, daß alle Eigenschaften nicht-räumlich sind, während andere dagegen halten, daß sie räumlich sind.

Der Ersteren zufolge ist die Farbe des Apfels nicht irgendwo im Raum lokalisiert, während bezüglich der Letzteren sie dort lokalisiert ist, ‚wo der Apfel ist'. Der erstgenannten Auffassung zufolge sind alle Eigenschaften sowohl zeitlos als auch nicht-räumlich. Bezüglich der zweiten sind Eigenschaften räumlich. Weil sie räumlich sind, müssen sie auch zeitlich sein. Das folgende Diagramm zeigt die beiden Auffassungen:

Überblicken wir das Ganze noch einmal. Wir sahen, daß jede Klassifikation eine Unterscheidung zwischen zwei Kategorien der individuellen Dinge und den Eigenschaften individueller Dinge voraussetzt. Platon denkt, daß diese zwei Kategorien sich dadurch unterscheiden, daß individuelle Dinge sich ändern, während Eigenschaften sich nicht ändern. Aber dies bedeutet, daß individuelle Dinge zeitlich sind, während Eigenschaften nicht zeitlich sind. Als nächstes bedachten wir die Rolle des Raumes. Wie üblich unterscheiden sich Philosophen bei diesem Punkt. Einige glauben, daß die Unterscheidung zwischen zeitlichen Dingen und zeitlosen Dingen sich mit der Unterscheidung zwischen räumlichen und nicht-räumlichen Dingen deckt. Andere glauben, daß, während es wahr ist, daß alle zeitlosen Dinge auch nicht-räumlich sind, einige zeitliche Dinge, Dinge wie Gedanken, nicht-räumlich sind.

Die Zeit ist nun gekommen, um die wichtigste terminologische Unterscheidung einzuführen. Platon spricht, wie wir sahen, von ‚abstrakter Ähnlichkeit'. Ich werde von *abstrakten Dingen* (Entitäten, Existierenden) überhaupt sprechen. Ein abstraktes Ding ist ein Ding, das weder zeitlich, noch räumlich ist. Ein konkretes Ding demgegenüber ist ein Ding, das zeitlich und/oder räumlich ist. Dieses ‚und/oder' ist notwendig wegen der Möglichkeit, daß es zeitliche Dinge gibt wie Gedanken, die nicht räumlich sind. In den Begriffen dieser Unterscheidung ist die wichtigste ontologische Frage: *Gibt es abstrakte Dinge?*

Die Welt versus das Universum

Wir wenden uns nun von Platons Welt der zwei Reiche dem physikalischen Universum zu. Das Universum (oder der Kosmos) ist die Totalität der existierenden Materie und Energie. Es besteht aus all den Elementarteilchen, die es gibt. Diese Partikel bilden alle existierenden Atome. Atome wiederum sind verbunden in Molekülen, und diese Moleküle bilden all die Dinge um uns herum: den Apfel zum Beispiel, unsere Körper, die Pflanzen und Tiere der Erde, die Berge und Flüsse. Aber das Universum enthält nicht nur die Erde und alles auf ihr, sondern ebenso den Mond, die Sonne und die anderen Planeten des Sonnensystems. Es gibt viele derartige Sonnen und Planetensysteme. Diese bilden Galaxien von Sternen. Unser Sonnensystem zum Beispiel ist Mitglied der Milchstraßengalaxie. Und Galaxien bilden noch größere Cluster von Galaxien. Unter den Sternen gibt es rote Giganten, explodierende Novae, weiße Zwerge und Neutronensterne. Kurz, das Universum ist ein gigantisches raumzeitliches Ganzes, bestehend aus Elementarteilchen und all den anderen Konfigurationen. Es wird geschätzt, daß es einen Durchmesser von zehn Milliarden Lichtjahren hat und daß es seit acht bis dreizehnmilliarden Jahren existiert. Ich glaube, es ist klar, daß das Universum zu Platons Reich der konkreten Dinge gehört, denn es ist eine raumzeitliche Entität. Ebenso ist klar, daß alles, was zum Universum gehört, was Teil des Universums ist, ein konkretes Ding ist. Denn es ist ein raumzeitlicher Teil des Universums und deshalb selbst raumzeitlich. *Das Universum ist ein konkretes Ding und ebenso alles, was Teil desselben ist.*

Aber Eigenschaften sind, wie wir im letzten Abschnitt annahmen, abstrakte Dinge; sie sind nicht raumzeitlich. Daraus folgt, daß sie nicht zum Universum gehören. Sie sind nicht Teil des Universums. Die Rotschattierung, über die wir zum Beispiel sprachen, so überraschend dies erscheint, ist kein (raumzeitlicher) Teil des Universums. Und was für diese besondere Eigenschaft gilt, das gilt für jede andere: keines dieser Dinge ist Teil des Universums. Dies aber bedeutet, daß es Dinge gibt, die nicht Teil des Universums sind. Kommen wir überein zu sagen, daß alles, was es gibt, jedes Existierende, ob es nun zum Universum gehört oder nicht, zur *Welt* gehört. Dann gehören Eigenschaften zur Welt, aber nicht zum Universum. Platon bemerkte durch die Entdeckung, daß Eigenschaften abstrakt sind, daß es Dinge sind, die nicht zum Universum gehören. *Er entdeckte, daß es eine Welt gibt und nicht nur ein Universum.*

Seit den Zeiten Platons hat es immer wieder Philosophen gegeben, die behaupteten, daß es nichts anderes gibt als das Universum. Sie argumentierten, daß es so etwas wie eine Welt nicht gibt. Die behaupteten, daß es keine abstrakten Dinge gibt. Ich möchte solche Philosophen ‚Naturalisten' nennen. Natürlich sind dies die Giganten im Zitat von Platon. Andererseits hat es immer Philosophen gegeben, die die Existenz abstrakter Entitäten verteidigt haben. Sie behaupteten, daß das Universum nur ein Teil der Welt ist. Nach ihrer Überzeugung ist die Welt viel reicher als das Universum. *Die Struktur der Welt ist, wie sie feststellten, der geeignete Gegenstand philosophischer Studien, während das Universum der passende Gegenstand naturwissenschaftlicher Studien ist.* Ich möchte diese Philosophen, nicht überraschend, ‚Ontologen' nennen. Dies sind natürlich Platons Götter. Seit mehr als zweitausend Jahren tobte eine intellektuelle Schlacht ohne Vergleich in der Geschichte des menschlichen Geistes zwischen Naturalisten und Ontologen. Keine der beiden Seiten hat jemals einen entscheidenden Sieg gewonnen. Es ist auch nicht absehbar, daß solch ein Sieg in der Zukunft eintreten wird. Die Angelegenheiten sind zu komplex für ein abschließendes Ergebnis. Noch wichtiger ist, daß die Schlacht zwischen Naturalisten und Ontologen zu einem großen Teil eine Schlacht zwischen zwei Temperamenten ist. Auf der einen Seite ist da das wissenschaftliche Temperament, das eine Konzeption von Philosophie favorisiert, die schlimmstenfalls ein Bruder der Dichtung ist und bestenfalls ein Diener der Wissenschaft. Auf der anderen Seite gibt es den ontologischen Geist, nach dem Ontologie eine vollkommen andere Perspektive hat als die Naturwissenschaften, die Einblicke in die Wahrheit eröffnet, von denen Wissenschaftler nicht einmal zu träumen wagen. Nach Auffassung der Naturalisten hat alles, was nicht wissenschaftlich ist, den Geschmack des Mystizismus. Ontologie kann nichts anderes sein als getarnte Dichtung. Die Wissenschaft zu verlassen bedeutet, durch eine Nacht ohne Sterne zu gehen, durch eine Dunkelheit ohne Licht. Nach Auffassung der Ontologen bedeutet, die Ontologie zu verlassen, ein Feld zu verwüsten, das die faszinierendsten Blumen der Wahrheit wachsen läßt. Ich beschreibe die Schlacht in diesen emotionalen Worten, weil es eine emotionale Schlacht ist. In all solchen Schlachten besteht die Wahl nie nur zwischen rationalen Positionen.

Die Entdeckung der Welt führt unmittelbar zu der Frage, ob es noch andere abstrakte Dinge gibt. Erinnern wir uns an Platons Beispiel der abstrakten Ähnlichkeit. Ich behandelte Ähnlichkeit, als ob es eine Eigenschaft wäre, aber es ist keine Eigenschaft. Es ist eine *Beziehung* zwischen Dingen. Es gibt viele solcher Relationen. Es gibt räumliche Relationen: links von, zwischen, innerhalb von, usw. Es gibt auch zeitliche Relationen: später als, früher als, gleichzeitig mit usw. Es gibt Beziehungen zwischen Menschen: der Vater von, der Onkel von, Ehegatte von usw. Am wichtigsten ist die Relation, die individuelle Dinge mit ihren Eigenschaften verbindet. Ich möchte sie ‚Exemplifikation' nennen. Diese Relation wird durch die Kopula in dem Satz ‚Der Apfel *ist* rot' repräsentiert. Im deutschen haben wir Tempora: ‚Der Apfel *war* vor einem Monat grün'. Aber immer wenn wir eine Eigenschaft einem individuellen Ding zusprechen, behaupten wir, daß die Eigenschaft durch die Relation der Exemplifikation mit dem Individuum verbunden ist. Es sei angemerkt, daß Platon die Bedeutung der Exemplifikation sah. Ohne sie bilden seine zwei Reiche keine einzige, einheitliche Welt, sondern fallen auseinander. Ohne Exemplifikation fällt Platons Welt in ein Universum und ein Reich von Eigenschaften. Aber natürlich *haben* die individuellen Dinge des Universums diese Eigenschaften. Was ist die Natur der Exemplifikation? Platon konnte diese Frage nicht entscheiden (vgl. seinen Dialog *Parmenides*). Auch kein anderer bedachte diese Frage, außer erst in jüngster Vergangenheit. Aber wir dürfen nicht abschweifen. Woran wir im Moment interessiert sind, ist die Frage, ob Relationen abstrakt sind oder nicht. Ich denke, sie sind abstrakt. Betrachten wir die Relation *zwischen*, wie sie zwischen drei Bleistiftpunkten, a, b, und c und der Bleistiftlinie besteht. Nun, die Punkte sind individuelle Dinge; sie sind im Raum (und in der Zeit) lokalisiert. Doch die Relation ist nirgendwo. Sie ist sicherlich nicht dort, wo irgendeiner der drei Punkte ist. Auch ist sie nicht zwischen, sagen wir, a und b. Sie ist nicht im Raum lokalisiert. Auch ist sie nicht in der Zeit lokalisiert: sie ist zeitlos. Daraus schließen wir, daß sie abstrakt ist.

Ich sollte hinzufügen, daß Platon zu zeigen versuchte, daß es keine Relationen gibt. Er versuchte darzulegen, daß relationale Aussagen sich wirklich auf Eigenschaften von Dingen beziehen. Zum Beispiel ist die Tatsache, daß Tom größer als Henry ist, tatsächlich die Konjunktion von zwei Tatsachen, nämlich der Tatsache, daß Tom eine gewisse Größe hat, und der Tatsache, daß Henry eine gewisse Größe hat. Wir werden später sehen, daß diese Erklärung nicht ausreicht. Was ich an dieser Stelle herausstellen möchte ist, daß ein Naturalist einen guten Grund hat, hinsichtlich der Relationen in Platons Fußstapfen zu treten. Er muß versuchen, Relationen auf Eigenschaften zu reduzieren, um dann zu zeigen, daß Eigenschaften nicht abstrakt sind.

Gerade sprach ich über die *Tatsache*, daß Tom eine gewisse Größe hat. Sind Tatsachen konkret oder abstrakt? Nun, es gibt alle Arten von Tatsachen. Nehmen wir die Tatsache, daß der Apfel unseres Beispiels zu einer bestimmten Zeit t rot ist. Wo ist diese Tatsache? Ein Naturalist wäre geneigt zu sagen, daß sie dort ist, wo der Apfel ist, aber dies wäre unaufrichtig. Dies würde zu nichts anderem führen als zu dem willkürlichen Übereinkommen, Tatsachen dort zu lokalisieren, wo das individuelle Ding der Tatsache plaziert ist. Weiterhin gibt es Tatsachen über Dinge, die anders sind als individuelle Dinge. Es ist beispielsweise eine Tatsache, daß mitternachtsblau dunkler ist als kanariengelb. In diesem Fall müßte der Naturalist eine Lokalisierung für diese Farbschattierungen finden, bevor er die gerade erwähnte Regel einführen kann. Es gibt auch Tatsachen über Relationen wie zum Beispiel die Tatsache, daß die Relation der Gatte von jemandem zu sein, symmetrisch ist: wenn sie zwischen a und b besteht, dann besteht sie auch zwischen b und a. (Die Relation der Vater von jemandem zu sein ist, zum Vergleich, nicht symmetrisch; sie ist asymmetrisch). Wo ist die Relation, der Gatte von jemandem zu sein? Zwanzig Kilometer südlich von Chicago? Auf dem Mond? Der Naturalist ist genötigt zu behaupten, daß sie irgendwo dort ist, wo Menschen sind. Aber was ist mit der Tatsache, daß zwei plus zwei vier ist? Sicherlich ist diese Tatsache nicht von Menschen abhängig. Die Summenrelation besteht zwischen vier, zwei und zwei ‚auf dem Mond' genauso, wie ‚auf der Erde'.

Wenn Relationen und Tatsachen abstrakt sind, wofür ich in Kürze argumentiert habe, dann gehören sie nicht zum Universum, sondern zur Welt, und die Welt ist viel ‚größer', als wir zuerst gedacht haben. Sie enthält nicht nur Eigenschaften, sondern ebenso Beziehungen und Tatsachen. Natürlich enthält das Universum sehr viele verschiedene *Arten von Individuen*, von Elementarteilchen bis hin zu Galaxien und die Wissenschaft ist an allen interessiert. Die Welt andererseits ist das Ressort von Arten der Existenz, und wir haben gerade gesehen, daß es mindestens drei solcher Arten gibt: Eigenschaften, Relationen und Tatsachen. Doch ist dies nicht alles, wie wir später sehen werden. Es gibt zusätzlich noch Zahlen, Mengen und Strukturen (Ganzheiten).

Das Eine über dem Vielen

Es gibt noch einen anderen Weg, um auf Platons Entdeckung der Welt zu blicken. Auch hier stehen Eigenschaften im Gegensatz zu individuellen Dingen. Was sie jedoch zu etwas besonderem macht, ist nicht, daß sie zeitlos sind, sondern daß sie zu vielen individuellen Dingen gehören. Mehrere Individuen können dieselbe Eigenschaft teilen. Stellen wir uns zwei weiße Billardkugeln vor. Wir nennen sie A und B. Dies sind zwei individuelle Dinge, aber ihre Farbe, diese Weißschattierung, ist dieselbe: sie teilen eine Farbschattierung. Und weil die Kugeln dieselbe Form haben, gibt es auch nur eine Form: beide Kugeln sind kugelförmig. Die Eigenschaft weiß ist eine von vielen. Es ist eine Universalie. Die individuellen Billardkugeln andererseits werden *particulars*[1] genannt.

Manchmal wird die Unterscheidung zwischen Universalien und particulars auch unter den Worten type und token[2] eingeführt. Sehen wir auf die folgenden Worte: rot, rot. Hier haben wir zwei tokens desselben type, nämlich des Wortes ‚rot'. Das Wort ist tatsächlich, wie man sieht, eine gewisse komplizierte Form, und jede besondere Aufschrift mit dieser Form ist ein token des type ‚rot'. In diesem Fall ist die Form die Eigenschaft, die alle tokens des type ‚rot' teilen. Kurz gefaßt, types sind die Universalien, und tokens sind die particulars desselben type.

Ist die Weißheit der beiden Billardkugeln wörtlich dieselbe? Gibt es eine Entität, die von beiden Billardkugeln exemplifiziert wird? Oder hat jede Kugel ihre eigene Weißheit? Dies ist das sogenannte Problem der Universalien. Bei unserem Beispiel des Wortes ‚rot' ist die entscheidende Frage: Ist die Form der einen Aufschrift von ‚rot' dieselbe wie die Form der anderen Aufschrift? Philosophen, die glauben, daß die Farbe der Bil-

---

[1] Ich lasse das Wort *particular* hier und im Weiteren unübersetzt, da es kein geeignetes deutsches Wort für diesen englischen Begriff gibt. Man könnte es in etwa mit „Einzelnem" übersetzen. Häufig spricht man in der Ontologie statt von *particulars* auch von Individuen im Unterschied zu Universalien (Anm. des Übersetzers).

[2] Die Begriffe typ und token bleiben ebenfalls unübersetzt, da sie zu feststehenden Fachbegriffen der Ontologie geworden sind, die sich nicht einfach ins Deutsche übersetzen lassen. Ihre Bedeutung erklärt sich aus dem Kontext.

lardkugel A vollkommen dieselbe ist wie die der Billardkugel B, werden *Realisten* genannt. Solche, die dies bestreiten, heißen *Nominalisten*.

Wir können und müssen zwischen diesen zwei völlig verschiedenen, aber eng verbundenen Fragen unterscheiden: (i) sind Eigenschaften abstrakt? und (ii) sind Eigenschaften Universalien? Wie ich ausgeführt habe, fragt die erste Frage: sind Eigenschaften in Raum und Zeit lokalisiert? Die zweite stellt eine völlig andere Frage: Kann ein und dieselbe Eigenschaft eine Eigenschaft verschiedener Dinge sein? Nun, es mag so aussehen, als wenn ein Naturalist nicht nichts anderes als ein Nominalist sein kann. Denn wenn die Farbe weiß zum Beispiel im Raum lokalisiert ist, kann sie nicht dieselbe für zwei Billardkugeln sein. Jede Kugel muß ihre eigene Weißheit haben. Kugel A ist weiß1, während Kugel B weiß2 ist; und weiß1 ist an dem einen Ort lokalisiert, wo A ist, während weiß2 an einem anderen Ort lokalisiert ist, wo B ist. Aber dieser Anschein ist mißverständlich: Ein Naturalist kann ein Realist sein, denn er kann die Auffassung vertreten, daß es Dinge gibt, die, obgleich sie in Raum und Zeit lokalisiert sind, an vielen verschiedenen Orten gleichzeitig existieren können. Gemäß dieser Alternative hat A dieselbe Weißheit wie B. Es existieren keine zwei Weißheiten. Aber ein und dieselbe Weißheit ist nichtsdestoweniger räumlich lokalisiert: sie existiert gleichzeitig dort, wo A ist, und ebenso dort, wo B ist (und auch dort, wo andere Individuen derselben Farbschattierung sind).

Dieser Auffassung zufolge sind Eigenschaften in Raum und Zeit lokalisiert. Sie sind konkret. Es existiert nichts anderes als das Universum. Aber das monolithische Modell des reinen Naturalismus ist gebrochen: obwohl alles, was es gibt, ein Individuum in unserem bestimmten Sinne ist, gibt es gleichwohl zwei Arten von Individuen, nämlich solche, die nur an einem Ort zu einer bestimmten Zeit existieren können, und solche, die zahlreiche Lokalisierungen zur selben Zeit haben können. Die ersteren sind die ‚individuellen Dinge' unseres gewöhnlichen Verständnisses, die letzteren sind die Eigenschaften. Das Modell ist zerbrochen, sage ich, denn wenn man zuläßt, daß es Dinge gibt, die an vielen verschiedenen Orten zur selben Zeit existieren können, dann läßt man eine Kategorie von Dingen zu, die völlig ungleich ist zu den gewöhnlichen Individuen unserer gewöhnlichen Erfahrung. Wie auch immer, wir haben gelernt, daß es mindestens zwei Arten des Naturalismus gibt, nämlich den reinen Naturalismus und den unreinen Naturalismus. Der Erstere ist eine Kombination von Naturalismus und Nominalismus, während der Letztere auf einer Verbindung zwischen Naturalismus und Realismus beruht. Hier sind zwei Diagramme der beiden Auffassungen:

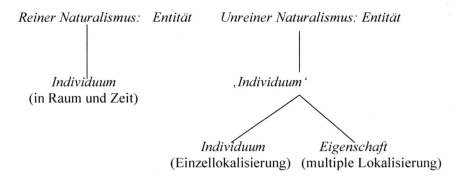

Was den reinen vom unreinen Naturalismus unterscheidet, ist eine fundamentale Annahme. Weil diese Annahme sehr wichtig ist, möchte ich ihr einen Namen geben und sie ‚das Axiom der Lokalisierung' nennen:

> Keine Entität, welcher Art auch immer, kann an verschiedenen Orten gleichzeitig oder innerhalb unterbrochener zeitlicher Intervalle existieren.

Der Naturalist ist zum unreinen Naturalismus gezwungen wegen des Nominalismus-Realismus Problems. Ein Naturalist, der realisiert, daß der Nominalismus unhaltbar ist, hat keine andere Wahl, das Axiom der Lokalisierung aufzugeben und deshalb den unreinen Naturalismus zu ergreifen. Dies ist die wesentliche Verbindung zwischen dem Nominalismus-Realismus Problem auf der einen Seite und dem Naturalismus-Ontologismus Streit auf der anderen. Eine Zurückweisung des Nominalismus führt entweder zum Zusammenbruch des Naturalismus oder zur Aufgabe des Axioms der Lokalisierung. Dies zeigt, wie wichtig das Nominalismus-Realismus Problem sowohl für den Naturalisten als auch für den Ontologen ist. Ein Naturalist mag sehr wohl glauben, daß der Verzicht auf das Axiom der Lokalisierung der Verzicht auf seine Konzeption des Universums ist. Er wird deshalb den Nominalismus so gut verteidigen, wie er kann. Der Ontologe andererseits, der die innige Verbindung zwischen den zwei Problemen realisiert, wird die naturalistische Position angreifen, nicht direkt, sondern an seiner verletzbarsten Stelle, durch Angriff des Nominalismus.

KAPITEL II

Die Schlacht um die Welt
Universalien

Porphyrius, Boethius und das Mittelalter

Die Schlacht um die Welt wird geschlagen zwischen Ontologen und Naturalisten: gibt es zeitlose und nicht-räumliche Dinge? Aber das Problem wurde selten auf diese Weise behandelt. In der Philosophiegeschichte lautete die Frage üblicherweise: Gibt es Universalien? Der Kampf fand gewöhnlich zwischen Realisten und Nominalisten statt. Aber, wie ich gerade herausgestellt habe, das Resultat dieses Kampfes entscheidet mehr oder weniger diese Schlacht. Daher müssen wir einen genaueren Blick auf das Nominalismus – Realismus Problem werfen.

Dieses Problem entstand im dritten Jahrhundert durch den syrischen Philosophen Porphyrius. Er schrieb eine Einführung zu Aristoteles' (384/2 – 322 v. Chr.) *Kategorien,* in der er sagte, daß er vermeiden möchte, einige der schwierigen Probleme, die in Aristoteles' Werk vorgetragen werden, zu diskutieren:

> Für den Moment möchte ich nicht die Frage diskutieren, ob Gattungen und Arten wirklich existieren oder bloße Worte sind; und wenn sie existieren, ob sie körperlich oder unkörperliche Dinge sind; und ob sie getrennt sind oder in Dingen existieren, die wir durch die Sinne wahrnehmen und in Beziehung zu den Sinnen. Denn diese Fragen sind tiefgründig und erfordern andere und genauere Untersuchung. (Aaron 1967:1)[3]

Um Porphyrius' Sichtweise zu verstehen, müssen wir einen kurzen Blick auf das aristotelische System werfen. Nach Platon ist jedes Existierende entweder ein (zeitliches) individuelles Ding, oder es ist eine (zeitlose) Eigenschaft (Form). Im Diagramm:

---

[3] Übersetzt und zitiert nach: Aron, R.I. (1967): *The Theory of Universals*, Clarendon Press, Oxford.

Auch Aristoteles unterscheidet alles, was es gibt, in zwei große Gruppen von Dingen[4], nämlich (primäre) Substanzen und deren akzidentelle Eigenschaften. Eine primäre Substanz ist, grob gesagt, ein individuelles Ding, so daß wir sagen können, daß Aristoteles annimmt, daß es individuelle Dinge und deren akzidentelle Eigenschaften gibt. Aber im Unterschied zu Platon nimmt Aristoteles ebenfalls an, daß primäre Substanzen aus Materie und Wesenheit (essentielle, wesentliche Eigenschaften) bestehen. Individuelle Dinge sind, mit anderen Worten, komplex; sie bestehen aus zwei Bestandteilen: Materie und Wesenheit. In einer bestimmten Weise kennt daher das Aristotelische System drei Arten von Dingen: Materie, Wesenheit und Akzidenzien. Doch müssen wir bedenken, daß Materie und Wesenheit niemals getrennt von einander in einem Individuum existieren, so daß die grundlegende Einheit, auf die wir stoßen, immer eine Substanz ist, die aus beiden besteht. Ich möchte ein Diagramm vom Aristotelischen System zeichnen:

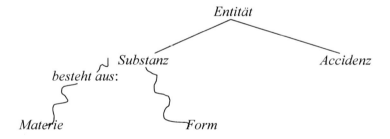

Hier repräsentieren die gerade und die gewellte Linie zwei völlig verschiedene Relationen. Alles, was es gibt, ist entweder eine Substanz oder ein Akzidenz, aber jede Substanz *besteht* aus Materie und einer wesentli-

---

[4] Grossmann verwendet das Wort Ding hier und im weiteren in einem sehr weiten Sinne, der mehr beinhaltet als in der alltagssprachlichen Verwendung. Das Wort ‚Ding‘ (thing) hat eher die Bedeutung des lateinischen Wortes ‚res‘ (Anmerkung des Übersetzers).

chen, essentiellen Eigenschaft. Es ist Zeit für ein Beispiel. Porphyrius selbst ist ein individuelles Ding, eine primäre Substanz. Als solcher besteht er aus Materie und einer essentiellen Eigenschaft. Wesentlich, d.i. essentiell, ist er ein Mensch. Menschsein ist daher eine essentielle Eigenschaft, die, in Verbindung mit Materie, ihn zu der Art von individuellem Ding macht, das er ist. Aber ebenso hat Porphyrius zahlreiche Eigenschaften, die für ihn nicht wesentlich sind, seine sogenannten akzidentellen Eigenschaften. Zum Beispiel hat er zu einer bestimmten Zeit eine bestimmte Größe, er hat zu einer bestimmten Zeit eine bestimmte Hautfarbe, er wurde in Tyrus geboren und so weiter und so fort. Diese akzidentellen Eigenschaften, im Unterschied zur essentiellen Eigenschaft des Menschseins, können von Person zu Person variieren und auch bei einer Person von Zeit zu Zeit. Zum Beispiel ist Porphyrius zu verschiedenen Zeiten unterschiedlich groß. Als ein Säugling ist er klein, später ist er fünf Fuß groß. Während einige Menschen blond sind, sind andere dunkelhaarig. Die Haarfarbe einer Person ist daher eine akzidentelle Eigenschaft der Person.

Primäre Substanzen werden nach Aristoteles klassifiziert nach Art und Gattung. Porphyrius zum Beispiel gehört zur Art der Menschen und zur Gattung der Lebewesen. Für unsere Zwecke können wir es in dieser Weise ausdrücken: Porphyrius hat die essentielle Eigenschaft, ein Mensch zu sein, und er hat ebenso die essentielle Eigenschaft, ein Lebewesen zu sein; zusätzlich hat er eine Unzahl akzidenteller Eigenschaften (zu verschiedenen Zeiten). Was für unsere Zwecke wichtig ist, ist die Tatsache, daß platonische Formen (Eigenschaften) im aristotelischen System in zwei Arten unterschieden werden, nämlich in akzidentelle und essentielle Eigenschaften. Einige Formen, die essentiellen Eigenschaften, sind fest verbunden mit den Individuen, deren Wesenheiten sie sind; andere Formen, die akzidentellen Eigenschaften, sind ‚von außen' hinzugefügt, zur Kombination von Materie und Wesenheit, die zusammen ein individuelles Ding ausmachen. Von diesem Standpunkt aus ist die platonische Behauptung, daß Formen abstrakt sind, zu übersetzen in die These, daß Wesenheiten und Akzidenzien abstrakt sind. Zum Beispiel sind die Eigenschaften, ein Mensch zu sein, und die Eigenschaft, weiß zu sein, abstrakte Dinge sind, die nicht in Raum und Zeit existieren.

Kehren wir nun zu Porphyrius zurück. In der zitierten Passage sprach er nur von Gattungen und Arten, doch sollten wir annehmen, daß seine Frage auch ebenso akzidentelle Eigenschaften betrifft. Die erste Frage lautet: existieren diese Eigenschaften tatsächlich, oder sind es bloße Worte? Man beachte, daß dies nicht die Frage ist, ob diese Dinge konkret oder abstrakt sind. Nein, die Frage bezieht sich auf die Existenz solcher Eigenschaften. Natürlich kann die Frage nach der Abstraktheit erst gar nicht entstehen, wenn es keine solche Eigenschaft, wie die des Menschseins gibt, oder wenn es keine Sachen wie die Farbe weiß gibt. Einige Philosophen haben sich in der Tat bemüht, der schwierigen Aufgabe zu entscheiden, ob Eigenschaften abstrakt sind oder nicht, dadurch aus dem Weg zu gehen, daß sie deren Existenz bestreiten. Sie haben es abgelehnt, an der Schlacht zwischen Göttern und Giganten teilzunehmen. Doch denke ich nicht, daß dies eine respektable philosophische Position ist. Daß die Farbe weiß (oder jede andere Farbe, Form, Ton etc.) existiert, ist eine der fundamentalen Voraussetzungen unserer Untersuchung. Wenn jemand diese Annahme bestreitet, gibt es keinen gemeinsamen Boden einer weiteren philosophischen Diskussion.

Diejenigen, die versuchen, der Frage dadurch zu entfliehen, daß sie bestreiten, daß Eigenschaften existieren, versuchten häufig, die Torheit ihrer Position dadurch zu verbergen, daß sie behaupten, obgleich es keine Eigenschaften gäbe, gäbe es dennoch gewisse Begriffe (solcher Eigenschaften?) in unserem Geist. Dies erklärt Porphyrius' Bezugnahme auf ‚nur reine Begriffe'. Es verweist auf eine gewisse Auffassung über Universalien, die ‚Konzeptualismus' genannt wird. Nach dieser Auffassung sind alle nicht-mentalen Dinge *particulars* (nicht Universalien, keine Gattungen), aber es gibt auch Universalien. Alle Universalien sind jedoch mental; es sind Begriffe (Ideen, Vorstellungen) in unserem Geist. Der Konzeptualismus ist ein Kompromiß: Er stellt sich an die Seite des Nominalismus, soweit die nicht-mentale Welt betroffen ist: es gibt in dieser Welt keine Universalien. Aber er stellt sich ebenso an die Seite der Realisten: Es gibt tatsächlich Universalien, nur sind dies bloße Vorstellungen in unserem Geist. Wir werden später zu dieser Auffassung zurückkehren, und ich werde dann zu zeigen versuchen, daß der Konzeptualismus, wie die meisten philosophischen Kompromisse, keine lebensfähige Alternative zu einem vollentwickelten Realismus ist.

Porphyrius fragt zweitens, ob essentielle und akzidentelle Eigenschaften körperlich oder unkörperlich sind. Von einem aristotelischen Standpunkt aus ist es offensichtlich, daß eine Eigenschaft keine primäre Substanz sein kann. Deshalb kann eine Eigenschaft nicht körperlich sein, wenn wir mit ‚körperlich' meinen, eine primäre Substanz sein. Aber wir können eine andere Interpretation der zwei Ausdrücke des Porphyrius geben. Mit körperlich könnte man jegliches meinen, das darin einem Körper ähnlich ist, daß es in Raum und Zeit ist. Körperlichsein und Konkretsein sind dann ein und dasselbe. Mit dieser Interpretation ist Porphyrius' zweite Frage präzise bezeichnet. Was er fragt, ist, ob Eigenschaften konkret oder abstrakt sind.

Zuletzt stellt Porphyrius die Frage, ob Eigenschaften getrennt von den Dingen, die sie haben, existieren, oder *in* solchen Dingen. Insofern wir es in dieser Weise betrachten, erkennen wir, daß wir die Sache genauer fassen müssen. Insofern Dinge Eigenschaften *haben*, können Eigenschaften per Definition nicht sozusagen getrennt von den Dingen existieren. Denn wenn man sagt, daß Dinge die Eigenschaften *haben*, weist man auf irgendeine Art von Verbindung zwischen den Dingen und deren Eigenschaften hin. Ich glaube, daß Porphyrius' Frage wirklich eher eine erkenntnistheoretische Frage als eine ontologische Frage ist: Können wir Eigenschaften *in* den Dingen, die sie haben, wahrnehmen, oder ist ein besonderer Akt der Kontemplation erforderlich, ein besonderes Vermögen, das sich von der Wahrnehmung unterscheidet, um mit ihnen bekannt zu werden? In der Beantwortung dieser Frage erkennen einige Kommentatoren klar eine scharfe Differenz zwischen Platon und Aristoteles. Während Platon meint, daß Eigenschaften nicht durch die Sinne gegeben sind, behauptet Aristoteles, daß sie wahrnehmbar sind. Wie auch immer, auf jeden Fall müssen wir zwischen einer erkenntnistheoretischen, epistemologischen Frage und der völlig verschiedenen ontologischen Frage unterscheiden, ob Eigenschaften vollkommen getrennt von den Dingen, die sie haben, existieren.

Zweihundert Jahre nach Porphyrius übersetzte der römische Philosoph Boethius Porphyrius' Einführung in Aristoteles vom Griechischen ins Lateinische. Sein Kommentar über Porphyrius' Problem wurde zur Hauptquelle für die spätere mittelalterliche Diskussion des sogenannten Problems der Universalien. Diese Auseinandersetzung ist nichts anderes als der Kampf um die Existenz abstrakter Dinge und daher über die Existenz der Welt. Boethius präsentiert folgendes Argument gegen die Existenz von Universalien:

> Aber wenn es jeweils nur eine Gattung gibt, ist es nicht möglich, daß sie Vielen gemeinsam ist. Denn ein einzelnes Ding, wenn es Vielen gemeinsam ist, ist gemeinsam durch seine Teile, und so ist es nicht als

> Ganzes gemeinsam, sondern die Teile desselben sind charakteristisch für das einzelne Ding. Oder es kommt einem Ding vorübergehend, zu verschiedenen Zeiten zu, zu denen es gebraucht wird, so daß es wie ein Diener oder ein Pferd gemeinsam ist. Oder es wird allen gemeinsam gemacht zu einer Zeit, nicht jedoch, daß es die Substanz von solchen konstituiert, denen es gemeinsam ist, sondern wie ein Theater oder Schauspiel, das denen gemeinsam ist, die es sehen. Aber die Gattung kann den Arten in keiner dieser Weisen gemeinsam sein; denn sie muß auf eine Weise gemeinsam sein, daß sie ganz in den Individuen ist, zur selben Zeit und daß sie geeignet ist, die Substanzen solcher Dinge zu konstituieren und zu formen, denen sie gemeinsam ist (McKeon 1929 I: 14)[5].

Hier versucht Boethius zu zeigen, daß die Eigenschaft, ein Mensch zu sein, nicht ein und dieselbe sein kann, die von verschiedenen Menschen geteilt wird. Er setzt voraus, daß es nur drei Weisen geben kann, in der ein Ding vielen anderen Dingen gemeinsam zukommen kann. Erstens, das Ding hat Teile, und viele Dinge haben jeweils ein Teil davon. Man denke sich die Eigenschaft, ein Mensch zu sein, wie eine Pizza. Nun, viele Menschen können sich diese Pizza teilen, indem jeder ein Stückchen davon bekommt. Aber dies kann nicht die Art und Weise sein, in der die Eigenschaft, ein Mensch zu sein, vielen unterschiedlichen Menschen zukommt. Denn diese Eigenschaft muß als ganze gegenwärtig sein in jeder Person, weil jede Person ein ganzer Mensch ist. Oder aber, zweitens, kann die Pizza von verschiedenen Menschen geteilt werden in dem Sinne, daß sie zuerst der einen Person gehört, dann der anderen, dann noch einer weiteren und so weiter. Kurz, sie kommt verschiedenen Menschen als ganze zu verschiedenen Zeiten zu. Aber auch dies kann nicht die Weise sein, in der verschiedene Menschen die Eigenschaft, ein Mensch zu sein, teilen. Denn viele Menschen haben diese Eigenschaft zur selben Zeit. Angenommen schließlich, verschiedene Menschen ‚teilen' die Pizza in dem Sinne, daß sie bloß zur selben Zeit darauf schauen. Sie sind dann mit ihr in der äußerlichsten Weise verbunden. Aber die (wesentliche) Eigenschaft, ein Mensch zu sein, kann nicht mit individuellen Menschen auf eine solch oberflächliche Weise verbunden sein. Menschlichkeit ist wahrhaftig und ganz ein Teil jedes menschlichen Seienden und nicht etwas, das

---

[5] Übersetzt und zitiert nach McKeon, R. (ed. and trans.): *Selection from Medieval Philosophers*, Charles Scribner's Sons, New York.

vollkommen außerhalb des Menschen liegt. Kurz gesagt, das Wesen, eine Person zu sein, die Eigenschaft, ein Mensch zu sein, ist Teil jeder Person.

Bemerkenswert an Boethius' Argument ist, daß er die Eigenschaft, ein Mensch zu sein, so behandelt, als sei es eine primäre Substanz. Dies wird klar durch die drei Beziehungen die er bedenkt, denn dies sind offensichtlich Beziehungen, die ein Ding im Sinne einer primären Substanz zu anderen Dingen haben kann. Dies ist der Grund, weshalb unsere Illustration anhand der Pizza so geeignet ist. Als Ergebnis der von Boethius gemachten impliziten Annahme zeigt sich, daß das, was er prüft, sofern er überhaupt etwas prüft, nicht ist, daß die Eigenschaft, ein Mensch zu sein, nicht eine Sache sein kann, sondern vielmehr, daß sie keine primäre Substanz sein kann.

Aber wir müssen scharf zwischen zwei völlig verschiedenen Fragen unterscheiden. Zuerst, ist die Eigenschaft, ein Mensch zu sein, (oder irgendein Akzidenz oder eine Gattung) ein unabhängiges ‚Ding', wie es von einer primären Substanz angenommen wird? Wir können ohne weitere Umstände einräumen, daß die Eigenschaft nicht ein Ding in diesem Sinne des Wortes ist. Zweitens, existiert die Eigenschaft, ein Mensch zu sein, obwohl sie völlig eindeutig kein Ding in dem soeben erwähnten Sinne ist? Die Antwort auf diese Frage scheint mir bejahend zu sein. Wenn wir daher die Existenz von Eigenschaften diskutieren, sollten wir immer als selbstverständlich voraussetzen, daß es schon feststeht, daß Eigenschaften keine individuellen Dinge sind, d.h. keine primären Substanzen. Wenn ich gewisse mittelalterliche Philosophen und deren Kommentatoren lese, habe ich den Eindruck, daß sie nicht scharf zwischen diesen beiden völlig verschiedenen Fragen unterscheiden. Ganz im Gegenteil scheinen sie beide Fragen durcheinanderzuwerfen. Denn oft nehmen sie sicher an, daß sie gezeigt hätten, daß Eigenschaften keine extramentale Existenz haben, wenn sie tatsächlich nur für die völlig verschiedene Schlußfolgerung argumentiert haben, daß Eigenschaften keine individuellen Dinge (primäre Substanzen) sind. Ich würde soweit gehen zu sagen, daß die meisten mittelalterlichen Diskussionen durch diese Art der Konfusion verdorben sind.

So weit wir die Annahme Boethius' zurückweisen, daß die Spezies Menschlichkeit, wenn sie existiert, sich wie eine Substanz verhalten muß, wird sein Argument irrelevant. Wir können freudig zulassen, daß die Beziehung zwischen der Eigenschaft, ein Mensch zu sein, auf der einen Seite, und Platon auf der anderen Seite, keine Beziehung ist, die eine Pizza zu verschiedenen Personen hat, die sich diese teilen. Auch ist es nicht die Beziehung zwischen einer Pizza und deren aufeinanderfolgenden Besitzern. Und es ist auch nicht die Beziehung zwischen einer Pizza und deren hungrigen Bewunderern. Nein, weil die Eigenschaft überhaupt keine primäre Substanz ist, ist es nicht möglich, daß sie irgendeine dieser Beziehungen zu Dingen hat, die diese Eigenschaft haben. Welche Beziehung hat die Eigenschaft aber dann zu den verschiedenen Personen? Nun, es ist genau die einheitliche Beziehung, die Eigenschaften generell zu Dingen haben, die diese Eigenschaften *haben*. Ich nenne diese undefinierbare Relation, mehr oder weniger willkürlich, *Exemplifikation*. Platon ist ein Mensch, d.h. er exemplifiziert diese Eigenschaft; Aristoteles ist ein Mensch, und dies bedeutet, daß er ebenfalls genau dieselbe Eigenschaft exemplifiziert.

Die Konfusion einiger mittelalterlicher Denker wird völlig offensichtlich, wenn wir einen Blick darauf werfen, was sie von unserer Auffassung gedacht hätten. Vermutlich war es William von Champeaux, (1070 – 1120) der eine Auffassung vertrat, die der unsrigen ähnlich ist, indem er behauptete, daß dieselbe essentielle Natur (Menschlichkeit) als ganze gegenwärtig ist zur selben Zeit in jedem und in allen Menschen. Sein Schüler Abelard (1079 – 1142) wandte dagegen ein, daß aus der Position Champeaux' folgen würde, daß Sokrates mit Aristoteles identisch ist, weil beide identisch sind mit derselben Spezies Menschlichkeit (vgl. Copleston 1962 II: 168). Aber dieser Einwand beruht auf der Annahme, daß Platon mit der Wesenheit Menschlichkeit *identisch* ist und daß Aristoteles ebenso mit dieser Wesenheit *identisch* ist. Aber wie kann diese Annahme versöhnt werden mit der gerade kritisierten Praxis, nämlich der Praxis, sich darum zu bemühen, daß es keine universalen Wesenheiten gibt, indem man zeigt, daß Wesenheiten nicht (dasselbe wie) primäre Substanzen sind? Überdies, wie sehr verspottet diese Annahme das grundlegende aristotelische Axiom, daß Platon eine Kombination aus Wesenheit und *Materie* ist? Platon wird nicht als identisch mit seiner Wesenheit bezeichnet, sondern als identisch mit einer *Kombination* dieser Wesenheit mit der Materie.

Vielleicht setzt man voraus, daß die Materie Platons dieselbe ist wie die des Aristoteles. Dann aber entsteht ein anderes Problem: Wenn die Materie nicht zwischen Platon und Aristoteles unterscheidet, was unterscheidet sie dann? Die unvermeidbare Antwort ist, daß es nur ihre Wesenheit sein kann. Platon und Aristoteles, ist man genötigt zu schließen, obgleich sie beide Menschen sind, haben dennoch unterschiedliche Wesenheiten. Dies bedeutet, daß, während Platon aus Menschlichkeit$_1$ besteht, Aristoteles aus Menschlichkeit$_2$ besteht. Ich glaube, Abelards Annahme führt unvermeidlich zu dieser Schlußfolgerung. Sie führt zum Nominalismus. Die eine Wesenheit Menschlichkeit bricht auseinander in Milliarden ‚individueller Wesenheiten', eine für jeden Menschen.

Aber diese Form des Nominalismus kann einfach zurückgewiesen werden. Die Zurückweisung wurde von Boethius beschrieben:

> Jedoch, wenn es Genus und Spezies gibt, die aber vielfältig und nicht numerisch eins sind, wird es kein letztes Genus geben, aber ein nächstes ihm übergeordnetes, das die Vielfalt im Wort seiner alleinigen Benennung zusammenfassen würde. Denn da die Genera vieler Tiere aus dem Grunde gesucht werden, daß diese eine Ähnlichkeit haben, obwohl sie nicht eins sind, so muß auch, da ein Genus, das in vielem und deshalb vielfältig ist, Ähnlichkeit aus sich heraus hat, obwohl es nicht eines ist, da es in vielen vorhanden ist, ein anderes Genus dieses Genus gleichermaßen aufgesucht werden. Und so muß der Verstand ins Unendliche fortschreiten, da kein Ende des Fortgangs auftritt.[6]

Ich denke, dies ist das wichtigste Argument gegen den Nominalismus. Ich glaube, es ist ein starkes Argument. Ich möchte es „das Hauptargument gegen den Nominalismus" nennen. Weil es so wichtig ist, möchte ich es ohne Bezugnahme auf Gattungen in meiner Weise formulieren:

(i) Realisten und Nominalisten stimmen zu Beginn gleichermaßen darin überein, daß es etwas gemeinsames zwischen Menschen gibt, etwas, das Menschen von anderen Dingen unterscheidet. Beide fragen dann, was es ist, das alle Menschen und nur Menschen miteinander teilen.

(ii) Der Realist hat eine offensichtliche und plausible Erwiderung auf diese Herausforderung: Alle Menschen und nur Menschen teilen die Eigenschaft des Menschseins (oder vernünftig zu sein). Diese Eigenschaft ist „die Eine von Vielen".

(iii) Der Nominalist, auf der anderen Seite, bestreitet, daß es ein solches gemeinsames Ding wie die Eigenschaft, ein Mensch zu

---

[6] Deutsche Übersetzung nach der englischen Übersetzung von R. McKeon: Selections from Medieval Philosophers, New York 1929.

sein, gibt. Er behauptet, daß jeder Mensch seine oder ihre eigene wesentliche Eigenschaft hat: Mensch$_1$, Mensch$_2$, Mensch$_3$ etc.

(iv) Aber offensichtlich haben diese ‚individuellen Wesenheiten etwas gemeinsam, das durch das gemeinsame Wort „Mensch" repräsentiert wird, das sie alle zu Instanzen derselben Art macht und beispielsweise Mensch$_{45}$ vom Tiger$_{19}$ unterscheidet. Wir fragen nun den Nominalisten, was das Gemeinsame all dieser Instanzen ist. Ist es eine Eigenschaft, die alle diese Instanzen Mensch$_1$, Mensch$_2$, Mensch$_3$ etc. teilen? Wenn dies so ist, dann hat der Nominalist seine Position verlassen und den Realismus akzeptiert. In diesem Fall hätte er ebenso zugelassen, daß es eine gemeinsame Eigenschaft des Menschseins gibt, weil er nun zuläßt, daß es eine solche Eigenschaft für die Instanzen Mensch$_1$, Mensch$_2$, Mensch$_3$ gibt.

(v) Aber wenn der Nominalist bestreitet, daß die Instanzen eine gemeinsame Eigenschaft haben, und statt dessen darauf besteht, daß jeder einzelne seine eigene Eigenschaft hat, sagen wir Mensch$_1^1$, Mensch$_2^2$, Mensch$_3^3$ etc., dann können wir erneut fragen: Was ist allen diesen neuen Instanzen gemeinsam? Wenn es eine gemeinsame Eigenschaft ist, dann umarmt der Nominalist den Realismus. Wenn nicht, dann steht er erneut vor der Frage, was allen Menschen und nur Menschen gemeinsam ist.

(vi) Und so weiter und so fort. Es ist klar, daß der Nominalist am Ende die ursprüngliche Annahme bestreiten muß, die vermutlich gleichermaßen vom Realisten und Nominalisten akzeptiert war, daß Menschen ein gemeinsames Merkmal teilen, das sie von allen anderen Dingen unterscheidet.

(vii) Weil aber Menschen eine gemeinsame Charakteristik teilen, ist der Nominalismus (dieser Art) ein Fehler.

Natürlich hängt in diesem Argument nichts von der Tatsache ab, daß wir die Eigenschaft des Menschseins als Beispiel gebraucht haben. Es mag sehr wohl sein, daß es nicht eine Eigenschaft ist, nicht nur ein Merkmal, das zwischen Menschen und anderen Dingen unterscheidet. Wenn man das Beispiel nicht mag, bedenke man irgendeine andere Eigenschaft, sagen wir, die Eigenschaft, ein Quadrat zu sein, oder die Eigenschaft olivgrün.

Ein weiterer Punkt, der hervorgehoben werden muß, ist, daß, wenn der Nominalist im Recht wäre, alle unsere Klassifikationen total willkürlich wären. Natürlich sind sie dies in einem bestimmten Sinne, aber nicht in dem radikalen Sinne, in dem die nominalistische Position dies fordert. Welche Klassifikation wir bevorzugen, hängt natürlich von unseren besonderen Interessen ab. Wir können alle Dinge der Welt einteilen in solche, die Haare haben und solche, die keine haben, obgleich dies eine für die meisten Zwecke recht dumme Einteilung wäre. Oder man könnte sie einteilen in geschaffene und ungeschaffene Dinge (Gott), wie Descartes es tat. Aber auch wenn unsere Einteilungen bestimmt sind durch unsere Interessen, beruhen sie alle auf deren Sein *in den Dingen*, auf gewissen gemeinsamen Merkmalen. Hätte der Nominalist recht, dann gäbe es keine solchen gemeinsamen Merkmale, und nichts in der Welt könnte bestimmen, ob etwas zur Gruppe der haarlosen Dinge gehört oder nicht. Überhaupt keine Klassifikation wäre möglich.

Um zu dem größeren Bild zurückzukehren, die Dialektik zeigt, daß es eine entscheidende Annahme ist, die viele mittelalterliche Philosophen geleitet hat, daß das Wesen einer primären Substanz mit der Substanz identisch ist (vgl. Aristoteles' Argument im Buch Z, Kap. 6 der „Metaphysik"). Nicht nur widerspricht diese Annahme der Auffassung, daß eine primäre Substanz sowohl aus Wesenheit als auch aus Materie besteht, sie führt ebenso zu der Schlußfolgerung, daß keine zwei primären Substanzen dieselbe Wesenheit teilen können. Und von dort folgt weiterhin, wenn wir annehmen, daß das Wesen eines Dings dasselbe ist wie seine essentielle Eigenschaft, daß keine zwei Dinge dieselbe essentielle Eigenschaft teilen können. Angenommen Menschsein sei eine solche essentielle Eigenschaft, so folgt, daß Aristoteles und Platon nicht dieselbe Eigenschaft des Menschseins haben können. Und diese Auffassung führt zu dem Streit, wie wir gesehen haben, daß es ein Wesen Menschlichkeit$_1$ gibt, die sich auf Aristoteles bezieht (oder mit ihm identisch ist), eine Wesenheit Menschlichkeit$_2$, die zu Platon gehört, eine Wesenheit Menschlichkeit$_3$, die zu Sokrates gehört, und so weiter. Aber was sagen wir, wenn wir feststellen, daß sowohl Aristoteles als auch Platon Menschen sind. Sicherlich können wir nicht bestreiten, daß sie etwas gemeinsam haben. Dies ist meines Erachtens die Hauptschwierigkeit, mit der sich die mittelalterlichen Philosophen, die im aristotelischen Rahmen philosophierten, konfrontiert sahen: Weil Aristoteles und Platon nicht die gemeinsame Wesenheit teilen, was ist es dann, was beiden gemeinsam ist, daß wir sie als Menschen bezeichnen?

Wenn das Wesen des Sokrates mit Sokrates identisch ist, dann ist sie so konkret wie Sokrates selbst. Essentielle Eigenschaften sind eher konkret als abstrakt. Der Naturalismus ist daher eine Konsequenz der Annahme, daß Wesenheiten identisch sind mit ihren primären Substanzen. Aber es gibt auch akzidentelle Eigenschaften. Wie ist es mit der Weißheit; ist sie konkret oder abstrakt? Wir fragen nicht, ob die Farbe eine primäre Substanz ist. Natürlich ist sie kein individuelles Ding. Auch fragen wir nicht, ob sie außerhalb von individuellen Dingen existiert. Wir nehmen an, daß sie dies nicht tun, daß sie immer durch individuelle Dinge exemplifiziert existieren. Nein, wir fragen, ob die Weißheit in Sokrates raumzeitlich ist. Dies ist in der Tat die erste grundlegende Frage in der Schlacht über die Existenz der Welt. Aber bevor wir uns dieser Frage zuwenden, müssen wir kurz eine der von den mittelalterlichen Philosophen am meisten bevorzugten Lösungen für das Problem der Existenz von Universalien hervorheben.

Der Konzeptualismus wird von deren Verteidigern häufig als „moderater Realismus" bezeichnet. Dieser Begriff wird zur Unterscheidung vom „extremen Realismus" vorgeschlagen, der Auffassung, die ich in diesem Buch verteidige. Aber es ist nichts ‚moderat' am Konzeptualismus. Er ist schlicht und einfach ein Nominalismus, wie wir ihn bestimmt haben. Er ist ein Nominalismus mit der zusätzlichen Klausel, daß es etwas Universales (Generelles) im Geist gibt, nämlich einen generellen Begriff (Wort, Vorstellung). Es wird angenommen, daß die Menschlichkeit in Platon numerisch verschieden ist von der Menschlichkeit in Aristoteles. Auf die Frage, was es denn ist, das Aristoteles und Platon teilen, wird die Antwort gegeben, daß sie unter denselben *Begriff* der Menschlichkeit fallen. Es ist vielmehr der Begriff (von!) Menschlichkeit, als die Eigenschaft, ein Mensch zu sein, die alle Menschen teilen und die uns erlaubt, sie als Menschen zu klassifizieren. Zusätzlich zu allen Menschen und deren individuellen Wesenheiten existiert ein gewisser Begriff im Geist. Dieser Begriff ist das „Eine über die Vielen". In Kürze werden wir zu dieser Auffassung zurückkehren.

Das Problem der Lokalisierung

Die Geschichte der Ontologie ist die Schlacht über die Existenz der Welt. Naturalisten bestreiten, daß es abstrakte Entitäten gibt. Ontologen bestehen darauf, daß es solche Dinge gibt, und sie versuchen, die Struktur der Welt der abstrakten Entitäten immer genauer zu beschreiben. Dem Naturalisten stehen drei Aufgaben bevor:

(i) er muß plausible Gründe in dem Streitpunkt vorlegen, daß es keine mentalen Dinge gibt;
(ii) er muß dafür argumentieren, daß Eigenschaften konkret und nicht abstrakt sind;
(iii) er muß zu zeigen versuchen, daß es keine anderen Arten abstrakter Dinge gibt.

Die erste Aufgabe besteht deshalb, weil es gewisse mentale Dinge gibt, - Gedanken und ähnliches -, die ganz offensichtlich nicht räumlich sind. Wenn man aber zuläßt, daß es solche nicht räumlichen Dinge gibt, dann läßt man zu, daß das physikalische Universum nicht alles ist, was es gibt. Man räumt damit ein, daß die Physik nicht alles beschreibt, was es gibt. Der Naturalist muß daher die Partei des Materialismus ergreifen, d.h. die Auffassung, daß es keine mentalen Dinge gibt. Die zweite Aufgabe liegt auf dem Grunde der Auseinandersetzung zwischen Naturalisten und Ontologen. Im Rest dieses Kapitels möchten wir das Hauptargument betrachten, das die Naturalisten für ihre Aufgabe verwenden. Das dritte Problem, denke ich, überwältigt den Naturalisten: es gibt einfach zu viele weitere Arten abstrakter Dinge, Dinge, die der Naturalist in seinem Universum nicht einpassen kann. Wir möchten diese Kategorien im nächsten Kapitel diskutieren.

Welche Argumente sprechen für die feste Überzeugung des Naturalisten, daß z.B. Farbschattierungen räumlich lokalisiert sind? Unser Beispiel beruhte auf zwei weißen Billardkugeln, A und B. Es wurde gesagt, daß die Farbe weiß (oder eine gewisse Weißschattierung) ganz offensichtlich dort ist, wo eine der Kugeln ist, und auch dort, wo die andere ist (vgl. Butchvarov 1979: 193 f.). Sie ist nicht an irgendeinem anderen Ort im Raum; nicht dort, wo die Oberfläche des Billardtisches ist, und auch nicht dort, wo die gelbe Wand ist. Alles, was man zu tun hat, ist, zu schauen, und man kann sagen, *wo* die Farbe ist. Wie antworten wir auf dieses Argument?

Wir gestehen zu, daß natürlich A und B auf dem Billardtisch sind. Diese beiden individuellen Dinge existieren in Raum und Zeit. Weiterhin exemplifizieren sie die Farbe weiß. Nun, weil A hier ist und weil sie weiß ist, möchte man annehmen, daß auch weiß hier ist. Doch ist dies nicht der Fall. Und was für A gilt, das gilt auch für B: sie ist lokalisiert und sie hat eine Farbe, aber die Farbe selbst ist nicht lokalisiert. Natürlich können wir die Farbe ‚dorthin tun', ‚wo die Kugel ist', aber nur, weil die beiden folgenden zwei Tatsachen eine Farbe einheitlich mit einem Ort in Verbindung bringen:

(1)   A und B sind an einem gewissen Ort auf dem Tisch lokalisiert;
(2)   A und B exemplifizieren die Farbe.

Es gibt keine zusätzliche Tatsache, wie

(3)   Die Farbe ist an einem gewissen Ort *lokalisiert*.

Natürlich kann man sagen, daß die Farbe hier und dort lokalisiert ist. Doch muß man sich bewußt sein, daß dies lediglich eine Kurzform der Tatsachen (1) und (2) ist; daß die Farbe nicht, wie die zwei Billardkugeln, buchstäblich im Raum lokalisiert ist. Um die Sache genauer zu fassen: wir können die Farbe dort lokalisieren, wo die Kugel ist, weil (i) die Kugel buchstäblich im Raum ist und (ii) jede Kugel eine Farbe hat. Dies ist möglich, weil die Farbe zu individuellen Dingen gehört. Sobald wir uns den Relationen zuwenden, die zwischen mindestens zwei Dingen bestehen, können wir nicht länger die Relation dort ‚lokalisieren', „wo die Relata sind", wie wir in Kürze sehen werden.

Wir haben zwei Interpretationen derselben Situation. Der Naturalist behauptet, daß zusätzlich zu (1) und (2) auch (3) gilt. Der Ontologe besteht darauf, daß nur (1) und (2) Tatsachen sind, und daß die Lokalisierung der Farbe lediglich eine Konsequenz aus (1) und (2) ist. Mir ist kein Argument bekannt, das zwischen diesen beiden Argumenten entscheidet. Aber ich fühle mich nicht gleich hilflos hinsichtlich einiger anderer Argumente der naturalistischen Auffassung.

Es wurde behauptet, daß Farben lokalisiert sein müssen, weil man auf sie hinzeigen kann (Woltersdorf 1971). Wenn wir sagen „dies ist grün", während wir *in Richtung auf* den Baum zeigen, zeigen wir angeblich auf die Farbe grün. Doch es würde genügen, wie mir scheint, in einer generellen Richtung auf den Baum zu zeigen. Es sind alle Arten von Farben in dieser Richtung (natürlich lokalisiert hinsichtlich der Dinge, die diese Farbe haben). Man muß direkt auf den Baum zeigen. Und dann zeigt man auf den Baum und nicht auf die Farbe. Oder, wenn man es bevorzugt, kann man sagen, daß man auf die Farbe zeigt, indem man auf den Baum zeigt, der die Farbe hat. In diesem Zusammenhang wurde auch gesagt, daß ein Vater auf die grüne Farbe zeigt, wenn er zu seiner Tochter sagt: „Dort ist grün und hier ist grün und dort ist wieder grün". Aber obwohl dies in der Situation vollkommen verständlich sein mag, meint der Vater offensichtlich: „Dort ist *etwas* grün, und hier ist *etwas* grün, und dort ist wieder *etwas* grün".

Ich habe die Frage diskutiert, ob Eigenschaften abstrakt sind bezüglich der räumlichen Lokalisierung von Farben, aber ein ähnlicher Fall besteht bezüglich der zeitlichen Lokalisierung von Eigenschaften. A. Meinong (1853-1920) argumentiert z.B. in der folgenden Weise, daß Eigenschaften zeitlich lokalisiert sind:

> Angenommen wir haben zwei kongruente Dreiecke, A und B. Ist nun die Dreieckigkeit von A identisch mit der Dreieckigkeit von B? Das heißt, ist die Dreieckigkeit von A die Dreieckigkeit von B? Niemand wird bestreiten, daß A weiterbestehen kann, wenn B zerstört ist, ebenso wie niemand in Frage stellen wird, daß das Attribut am Objekt haftet, mit ihm beharrt und ebenso mit ihm verschwindet. Wenn daher B nicht mehr existiert, dann existiert auch die Triangularität von B nicht mehr, während A und die Triangularität von A weiterhin unzerstört besteht. Nun ist aber nach Mill die Triangularität von A die Triangularität von B. Daher existierte genau dieselbe Triangularität, und sie existierte nicht, was niemand geneigt sein wird, für möglich zu halten (Meinong 1968-78 I: 22, Rückübersetzung aus der englischen Übersetzung Grossmanns).

Meinong nimmt hier an, daß die Dreieckigkeit von B, ebenso wie das Dreieck B, für eine gewisse Zeitspanne existiert und zerstört werden kann. Aber diese Annahme ist falsch. Während das Dreieck B nicht länger existiert, weil es von der Tafel abgewischt wurde, kann seine Dreiec??kigkeit nicht weggewischt werden. Sie kann nicht zerstört werden.

Zu sehen, daß eine Eigenschaft jetzt existiert, bedeutet nach unserer Auffassung, zu sehen, daß etwas jetzt existiert, das diese Eigenschaft hat. Individuelle Dinge existieren in der Zeit, ihre Eigenschaften nicht. Wir können aber Eigenschaften in der Zeit ‚lokalisieren' durch die individuellen Dinge, die diese Eigenschaften haben. Kurz gesagt behaupten wir, daß eine Feststellung wie „Weiß existiert jetzt" genau gesagt bedeutet, daß man feststellt „etwas Weißes existiert jetzt".

Wir haben gesehen, warum es so aussehen mag, als wenn die Eigenschaften individueller Dinge in Raum und Zeit lokalisiert wären. Doch dieser Anschein verschwindet, wenn wir uns den Relationen zuwenden. Bedenken wir die Relation, die zwischen den drei Punkten a, b und c besteht. Wo ist die Relation? Sicherlich nicht dort, wo a ist. Noch ist sie dort lokalisiert, wo b und c sind. Auch ist sie nicht auf dem halben Weg zwischen a und b lokalisiert, oder irgendwo zwischen b und c. Was kann ein Naturalist darauf erwidern?

Erstens kann er ganz einfach die Existenz von Relationen bestreiten. Einige Philosophen haben diesen Weg eingeschlagen. Andere, die unwillig waren, etwas zu bestreiten, das so offensichtlich ist, versuchten, relationale Tatsachen auf Tatsachen mit Eigenschaften zu ‚reduzieren'. Diese List hat eine lange Geschichte. Man kann sie bereits bei Platon finden. Wir werden dies in einem späteren Kapitel bedenken.

Zweitens kann man versuchen, die Relation dort zu lokalisieren, ‚wo das mereologische Ganze, bestehend aus a, b und c, ist'. Um diesen Schachzug zu verstehen, wollen wir uns auf die *räumliche* Struktur (Ganzes) konzentrieren, die aus drei Punkten besteht. Daß eine solche Struktur besteht, kann nicht bezweifelt werden. Auch ist unstrittig, daß dieses Ganze im Raum lokalisiert ist. Aber auch an dieser Stelle müssen wir darauf bestehen, daß, obgleich es wahr ist, daß die Struktur im Raum ist, es nicht wahr ist, daß die Relation, die sie erklärt, ebenso im Raum ist. Der Trick des Naturalisten ist klar: Er versucht, einige räumlich lokalisierte Dinge, die mit der Relation verbunden sind, zu finden, um dann zu behaupten, daß die Relation dort lokalisiert ist, wo das räumliche Ding lokalisiert ist. Doch man beachte, daß dieser Fall von dem vorherigen völlig verschieden ist. Die Farbschattierung wird von der Billardkugel A *exemplifiziert* (und von B), während die Relation nicht von der Struktur exemplifiziert wird, die durch die drei Punkte geformt wird. Vielmehr wird die Relation durch die Punkte exemplifiziert. Sie besteht zwischen den Punkten. Diese Differenz macht einen Unterschied. Angenommen, A ist einen Fuß links von der Seite des Billardtisches. Wo ist das Weiße? Nun, vermutlich dort, wo A ist, d.h., einen Fuß links von der Seite des Billardtisches. Angenommen weiterhin, der Punkt A ist einen Fuß zur rechten einer Linie auf einem Stück Papier. Wo ist die Relation zwischen? Nun, vermutlich einen Fuß zur rechten der Linie, weil dies die Stelle ist, wo die linke Seite der räumlichen Struktur der drei Punkte beginnt. Doch klar ist, daß dies nicht die Stelle ist, wo die Relation beginnt. Um es genauer zu sagen, während die Struktur ‚ausgebreitet ist', während sie eine räumliche Dimension hat, ist die Relation zwischen nicht ‚ausgebreitet' und hat keine Dimension(en).

Drittens mag der Naturalist einen etwas komplizierteren Ausweg bevorzugen (vgl. D. Armstrong 1988: 103-115). Betrachten wir erneut die Relation zwischen. Nach Armstrong ist diese Relation nirgendwo lokalisiert, aber sie ist nicht ‚außerhalb von Raum und Zeit'. Warum nicht? Weil es ein „Teil des Wesens von Raum und Zeit ist, daß sie solche raumzeitlichen Relationen enthält.... Wenn sie daher helfen, Raum und Zeit zu konstituieren, dann ist es kein Einwand gegen ihre Raumzeitlichkeit, daß sie nicht in der Raumzeit *lokalisiert* sind" (ibid.: 112). Armstrong stellt hier fest, daß, obgleich räumliche und zeitliche Relationen Raum und Zeit konstituieren, diese Relationen selbst nicht Teil der raumzeitlichen Struktur, die das Universum ist, sind. Doch dies gesteht bloß zu, was Ontologen behaupten, nämlich, daß es Dinge gibt, die nicht raumzeitliche Teile des Universums sind. Die Frage ist nicht, ob diese Relationen raumzeitliche Relationen sind oder eine andere Art von Relationen. Die Frage ist nur, ob sie in Raum und Zeit lokalisiert sind oder nicht, d.h., ob sie selbst in raumzeitlichen Relationen zu Dingen stehen oder nicht.

Eine Analogie zum Universum als einem Ganzen mag mehr Licht auf diesen Punkt werfen. Das Universum ist eine raumzeitliche Struktur. Es hat raumzeitliche Teile. Ist es aber selbst in der Raumzeit? Angenommen, wir bestreiten, daß das Universum selbst raumzeitlich verbunden ist mit anderen Dingen, weil es die totale Summe alles Raumzeitlichen ist. Nun, dann ist das Universum offensichtlich nicht *in* Raum und Zeit. Wir können sagen, es ist die *totale Summe* all dessen, was in Raum und Zeit ist, und es kann deshalb nicht wirklich *ein echter Teil* dessen sein, was in der Raumzeit ist. Hinsichtlich der Relation ist der Fall jedoch völlig anders. Räumliche Relationen z.B. konstituieren nicht das Ganze des Raumes: es gibt räumliche Eigenschaften wie Form und Größe. Außerdem, selbst wenn sie das Ganze des Raumes konstituieren würden, ist die Art und

Weise, in der räumliche und zeitliche Relationen ‚Raum und Zeit ausmachen', völlig verschieden von der Art und Weise, in der Sonnensysteme und Galaxien das Universum bilden. Die räumlichen Relationen z.B., die den Raum ausmachen, sind dabei nicht Teile des Raumes. Und dies ist nicht trivial. Daß das Universum als Ganzes nicht räumlich verbunden sein kann mit etwas ‚außerhalb', folgt aus der Tatsache, daß wir mit ‚das Universum' die totale Summe aller räumlich verbundenen Dinge meinen. Daß aber räumliche Relationen nicht räumlich mit Dingen verbunden sind, folgt nicht aus dem, was wir mit ‚räumlicher Relation' meinen. Vielmehr ist es eine interessante ontologische Tatsache; eine Tatsache, die die Existenz der Welt bestätigt.

Zudem, wenn es Relationen gibt, die anderes sind als raumzeitliche Relationen, dann funktioniert Armstrongs Argument nicht. Armstrong kann Relationen zwischen Menschen z.B. oder zwischen Zahlen nicht zulassen. Er gesteht aber zu, daß das Universum eine kausale Relation enthält. Wo ist diese Relation? Armstrong gibt keine eindeutige Antwort. Er merkt lediglich an, daß das Problem gelöst werden kann, wenn man Gründe für eine kausale Theorie von Raum und Zeit darlegt. Ich glaube nicht, daß eine solche Theorie lebensfähig wäre. Aber selbst wenn sie es wäre, kann ich nicht sehen, wie sie das Problem lösen könnte. Das Beste, was man tun könnte, ist, nach meiner Überzeugung, dasselbe zu sagen, was Armstrong über raumzeitliche Relationen sagt: weil die fundamentale Kausalrelation die Verbindung zwischen Dingen und dem Universum konstituiert, muß sie nicht selbst in kausalen Relationen zu Dingen stehen. Doch dies wäre wiederum eine ontologische Tatsache über die Welt, wie ich kurz zuvor darlegte.

Aber nicht nur Relationen erzeugen Probleme für den Naturalisten, sondern ebenso Tatsachen. Bedenken wir die Tatsache, daß A zum Zeitpunkt t_1 weiß ist. Wo ist diese Tatsache? Wie wir wissen, kann der Naturalist nur eine mögliche Antwort geben: die Tatsache ist dort, wo A ist (und wo das Weiße ist). Die Weißheit von A ist nicht nur dort, wo A ist, sondern die Tatsache, daß A weiß ist (zu t_1) ist am selben Ort wie A. Dies beinhaltet, wie im vorherigen Fall der Relation, daß die Tatsache, daß A zu t_1 weiß ist, den Umfang und die Form von A hat. Doch Tatsachen, so scheint mir, haben keinen Umfang und keine Form. Es bedeutet ebenfalls, daß mindestens drei verschiedene Dinge an diesem Punkt sind, nämlich A, die Weißheit von A und die Tatsache, daß A zu t_1 weiß ist. An diesem Punkt existiert deshalb ein *Ganzes*. Welche Art von Ganzem ist es?

Gewöhnlich vermutet man, daß A und weiß das Ganze bilden und daß dieses Ganze die Tatsache ist, daß A zu t_1 weiß ist. Natürlich ist dieses Ganze kein räumlich Ganzes: das ‚ist' der Prädikation wird nicht als räumliche Relation gedacht. Wo ist die Relation der Exemplifikation? Armstrong hat das folgende Bild vorgeschlagen. Wir unterscheiden zwischen einem ‚dünnen Partikular' a und einem ‚dicken individuellen Ding' A. Das dicke Individuum ist vermutlich die Tatsache, daß A all die Eigenschaften hat, die es hat. Nennen wir alle diese Eigenschaften N. Dann haben wir folgendes:

(1) A = a ist N

Nun setzen wir voraus, daß

(2) N Weißheit enthält

Dann erlaubt uns, nach Armstrong, eine Übersetzungsregel zu behaupten:

(3) A ist weiß.

Wenn wir von der Billardkugel sagen, daß sie weiß ist, dann machen wir, nach Armstrong, die Behauptung (3). Dies kann aber nicht wahr sein. Wenn wir diese Behauptung machen, dann reden wir über die Billardkugel und sagen, daß sie eine gewisse Farbe hat. Wir reden nicht über die Tatsache, daß ‚etwas in der Billardkugel', das kleine a, diese Eigenschaften hat, die sie hat, und sagen von dieser Tatsache, daß sie weiß ist, daß sie diese Farbe hat. Wenn wir von individuellen Dingen reden, reden wir nicht über Tatsachen und umgekehrt. Die Tatsache, daß a die Eigenschaften hat, die es hat, diese Tatsache *hat keine Farbe*. Nur individuelle Dinge sind farbig. Natürlich können wir ‚A ist weiß' nehmen, um dasselbe zu meinen wie ‚a hat N, und N enthält weiß'. Vielleicht ist es dies, was Armstrong meint, wenn er sagt, daß wir eine ‚Übersetzungsregel' gebrauchen, um von ‚das N von a enthält weiß' zu ‚A ist weiß' zu kommen. Dann aber steht das ‚A' in ‚A ist weiß' nicht mehr für die Tatsache, daß A N hat. Es ist genauso wie ein unechter Buchstabe, der für nichts steht. Alles, was es gibt, ist die Tatsache, daß a N hat und daß N weiß enthält.

Kehren wir zu unserem Hauptgedanken zurück, der Lokalisierung von Tatsachen. Man bemerke, daß unser ursprüngliches Beispiel den zeitlichen Faktor t_1 enthielt. Individuelle Dinge ändern sich; zu einer bestimmten Zeit ist A weiß, zu einer anderen hat es vielleicht eine andere Farbe. Alle Tatsachen, die individuelle Dinge beinhalten, sind von dieser Art. Zum Beispiel enthält die Tatsache, daß rot eine Farbe ist, kein Individuum und daher auch keinen zeitlichen Faktor. Auch beinhaltet sie keine räumliche Lokalisierung. Die Tatsache, daß A zu t_1 weiß ist, ist räumlich dort lokalisiert, wo A ist, und zeitlich dort, wo t_1 ist, behauptet der Naturalist. Doch was ist mit der Tatsache, daß rot (eine gewisse Rotschattierung) eine Farbe ist? Weil sie kein Individuum enthält, kann es nicht dort lokalisiert werden, wo das Individuum ist. Weil sie kein zeitliches Moment enthält, kann sie nicht zeitlich dort lokalisiert werden, wo das Moment besteht.

Es gibt viel mehr Tatsachen dieser Art. Die Tatsachen der Arithmetik sind von dieser Art. Die Tatsache, daß zwei plus zwei vier ist, zum Beispiel, ist keine Tatsache über individuelle Dinge, und sie enthält keine Zeit. Wo ist diese Tatsache? Wann ist sie? Ich denke nicht, daß es möglich ist, diese Tatsache irgendwo im raumzeitlichen Netzwerk, welches das Universum ist, zu finden. Und was für diese Tatsache der Arithmetik gilt, das gilt für viele andere Arten ebenso. Es ist klar, was der Naturalist tun muß: er muß irgendwie Zahlen (und ebenso Mengen) zu raumzeitlichen Strukturen ‚reduzieren', so daß er behaupten kann, daß Tatsachen, wie die gerade erwähnten, eine räumliche Lokalisierung haben. Wir werden diese Möglichkeit in einem späteren Kapitel diskutieren.

Eigenschaftsinstanzen

Die Schlacht um die Welt ist eine Schlacht um die abstrakten Dinge. Diese Schlacht schließt ein Gefecht über das Wesen der Eigenschaften mit ein: Sind Eigenschaften abstrakt, oder sind sie konkret? Im letzten Kapitel haben wir diese Frage direkt diskutiert. Jetzt sollten wir zurückkehren zu einer Variante der Frage, die durch die Auseinandersetzung Nominalismus – Realismus hervorgebracht wurde.

Eine gewisse Auffassung über die Natur der Eigenschaften hatte die Aufmerksamkeit zahlreicher Philosophen in Anspruch genommen. Nach dieser Auffassung ist das Weiß der Billardkugel A nicht dasselbe Weiß wie das der Billardkugel B. Jede Kugel hat ihre eigene Weißheit, so daß wir zwischen weiß$_1$, weiß$_2$ unterscheiden müssen, wobei weiß$_1$ die Farbe von A ist und weiß₂ die Farbe von B. Dies ist Naturalismus mit dem hinzugefügten Axiom der Lokalisierung. Weißheit ist räumlich; sie existiert an verschiedenen Orten. Aber nichts, auch nicht Eigenschaften, können an verschiedenen Orten zur selben Zeit existieren. Daraus folgt, daß Weißheit sich aufteilt in *Instanzen* von Weißheit, eine verschiedene Instanz für jedes weiße Ding (für eine klare und prägnante Beschreibung dieser Auffassung vgl. *Die Elemente des Seins* in Williams 1966).

Es fällt nicht schwer, in dieser Auffassung den mittelalterlichen Nominalismus wiederzuerkennen, nach der jede Substanz ihre eigene Wesenheit hat. Der Nominalismus hat dies bloß auch auf akzidentelle Eigenschaften ausgedehnt. Keine Eigenschaft, sei sie essentiell oder akzidentell, gehört zu mehr als einem individuellen Ding. Diese Auffassung, sagte ich soeben, ist sehr populär gewesen, nicht nur während des Mittelalters, sondern auch in den letzten siebenhundert Jahren bis in unsere Gegenwart. Lassen Sie mich einige repräsentative Beispiele anführen. Zuerst von Leibniz (1646 – 1716):

> Denn zwei verschiedene Subjekte, wie A und B, können nicht genau dieselbe individuelle Affektion haben; es ist unmöglich, daß dasselbe individuelle Akzidenz in zwei Subjekten sein soll oder von einem zum anderen übergehen soll. (Leibniz 1956 II: 1147)

Reid (1710 – 96) weist auf denselben Punkt in diesen Worten hin:

> An dieser Darlegung, wenn man so sagen kann, daß die Weißheit des einen Blattes die Weißheit des anderen Blattes ist, wird jeder Mensch die Absurdität wahrnehmen; wenn er aber sagt, daß beide Blätter weiß sind, so ist dies wahr und vollkommen verständlich. (Reid 1969: 482)

Und Cook Wilson (1849 – 1915) sagt:

> Aber die Attribute von Einzelnen sind wie Einzelne, wie die Gegenstände, zu denen sie gehören, und die Unterscheidung von Universalien und Einzelnen ist ebenso auf Attribute anwendbar wie auf Gegenstände. (Cook Wilson 1926 I: 171)

Unter den modernen Philosophen jedoch war keine Gruppe derartig konsequent in der Verteidigung der Auffassung, daß Eigenschaften Instanzen sind, wie die Schüler Brentanos (1838 – 1917). Und unter diesen Studenten ist niemand so klar in dieser Sache gewesen wie Husserl (1859 – 1938):

> Angenommen, wir konzentrieren unsere Aufmerksamkeit auf das Grün des eben vor uns stehenden Baumes. Wer es bei sich zu ermöglichen vermag, steigere die Konzentration bei sich sogar bis zu der von *Mill* angenommenen Bewußtlosigkeit hinsichtlich aller mitverbundenen Momente. Dann sind, wie man sagt, die sämtlichen irgend faßbaren Anhaltspunkte für den Vollzug der individualisierenden Unterscheidung entschwunden. Würde uns plötzlich ein anderes Objekt von genau gleicher Färbung untergeschoben, wir würden keinen Unterschied merken, das Grün, dem wir ausschließlich zugewendet sind, wäre für uns eines und dasselbe. Lassen wir all das gelten. Aber wäre nun dieses Grün *wirklich* dasselbe wie jenes. Kann unsere Vergeßlichkeit oder unsere absichtliche Blindheit für alles Unterschiedene irgend etwas daran ändern, daß, was objektiv verschieden ist, nach wie vor verschieden bleibt und daß das gegenständliche Moment, das wir beachten, eben *dieses* hier und jetzt seiende ist und kein anderes? (E. Husserl: Gesammelte Schriften 3. Logische Untersuchungen, 2. Band. I. Teil. 1992, S. 158f., A153)

Welche Argumente sprechen für die Auffassung der Instanzen? Offensichtlich wird jedes Argument für die Konkretheit von Eigenschaften in Verbindung mit einem Argument für das Axiom der Lokalisierung die Instanzenauffassung unterstützen. Wir haben zuvor Argumente der ersten Art diskutiert. Ich kenne kein Argument für die zweite Auffassung. Das Axiom scheint mir nicht mehr als eine Annahme zu sein, die notwendig ist, um von der Konkretheit der Eigenschaften zur Auffassung zu gelangen, daß sie Instanzen sind. Doch wie auch immer, es gibt vermutlich Argumente, die direkt für die Instanzenauffassung sprechen.
Es wurde argumentiert, daß die Weißheit der Billardkugel A nicht dasselbe Ding sein kann wie die Weißheit der Billardkugel B, weil die erstere die Eigenschaft hat, die Weißheit von A zu sein, während letztere die Eigenschaft hat, die Weißheit von B zu sein (dieses Argument kommt z.B. vor in Wolterstorff 1971: 139). In anderen Worten, die Weißheit von A

kann nicht dasselbe Ding sein wie die Weißheit von B, weil die erstere eine Eigenschaft hat, die letztere nicht hat. Doch dieses Argument ist ganz offensichtlich fehlerhaft. Es hat dieselbe Form wie das folgende Argument. Der Sohn von John kann nicht zugleich der Sohn von Mary sein, weil der Sohn von John eine Eigenschaft hat, die dem Sohn von Mary fehlt, nämlich die Eigenschaft, der Sohn von John zu sein. Man sieht, daß dieses Argument falsch ist, denn Tom, der einzige Sohn von John und Mary, hat die Eigenschaft der Sohn von John zu sein ebenso wie die Eigenschaft, der Sohn von Mary zu sein. Ähnlich ist die Weißheit von A sowohl die Weißheit von A als die Weißheit von B. Es mag erwidert werden, daß die beiden Fälle, der Fall der Billardkugeln und der Fall von John, Mary und Tom nicht analog sind. Die Relation, der Sohn von jemandem zu sein, und die Relation der Exemplifikation zwischen einem individuellen Ding und einer seiner Eigenschaften sind grundlegend verschieden: während eine Person der Sohn von mehr als einem Elternteil sein kann, kann eine Eigenschaft nicht die Eigenschaft von mehr als einem Ding sein. Doch es ist diese Annahme, für die argumentiert werden sollte und die nicht im Argument vorausgesetzt werden sollte. Die Behauptung ist überhaupt nicht offensichtlich. Ganz im Gegenteil, ebenso wie wir glauben, daß Tom sowohl der Sohn von John als auch von Mary sein kann, glauben wir, daß weiß die Eigenschaft sowohl der Billardkugel A als auch der Billardkugel B sein kann.

Ein weiteres Argument für die Instanzenauffassung geht aus von einer Konzeption, bei der Individuen als ‚Bündel' oder ‚Kollektionen' von Eigenschaften verstanden werden. Diese Auffassung geht auf Berkeley zurück und wurde in unserem Jahrhundert am kompetentesten von Stout (1860 – 1944) verteidigt (vgl. Stout 1921-22). Die Billardkugel A zum Beispiel, wird als ein Bündel von Eigenschaften gedacht, ein Bündel, das eine gewisse Form beinhaltet, eine gewisse Farbe, ein bestimmtes Gewicht usw. Beginnend mit dieser Konzeption, behauptet man, daß diese Eigenschaften, die das Bündel bilden, einzig sein müssen, so daß die Farbe des einen Bündels nicht zugleich auch die Farbe eines anderen Bündels sein kann. Anderenfalls, behauptet das Argument, wären unsere beiden Billardkugeln nicht *numerisch* verschieden. Was A und B unterscheidet, was erklärt, daß es zwei Billardkugeln sind und nicht nur eine, ist die Tatsache, daß die Eigenschaften von A nicht dieselben sind wie die Eigenschaften von B. Zum Beispiel ist die Weißheit von A nicht dieselbe wie die Weißheit von B. Aus Gründen, die ich aus Mangel an Raum hier nicht erklären kann, denke ich, daß diese Auffassung unhaltbar ist, weil sie auf der Bündelauffassung individueller Dinge beruht (vgl. z.B. Grossmann 1983: 61 – 89). Individuelle Dinge sind aber nicht Bündel von Eigenschaften. Aber selbst wenn sie es wären, folgt daraus nicht, daß deren Konstituenten Instanzen sein müssen. Eine andere Auffassung ist ebenso möglich und wurde detailliert von Gustav Bergmann (1906 – 1987) und von einigen seiner Studenten verteidigt (vgl. z.B. Bergmann 1967. Zur Kritik dieser Auffassung vgl. Grossmann 1974). Nach dieser Auffassung enthält ein Eigenschaftsbündel ein einziges individuierendes Element, das sogenannte ‚bare particular'.[7] Billardkugel A zum Beispiel wird als ein komplexes Ding gedacht, bestehend aus einem *bare particular* einerseits und all den Eigenschaften, die A hat, andererseits. Die Billardkugel B enthält dann ein von A verschiedenes *particular*, und dies erklärt, daß es sich um zwei Kugeln und nicht nur um eine handelt, aber es enthält dieselben Eigenschaften wie A. (Es gibt eine offensichtliche Ähnlichkeit zwischen Bergmanns Auffassung und der mittelalterlichen Sicht des Johannes Duns Scotus über Singularität (*haecceitas*)).

Nach einer dritten Art von Argument muß die Weißheit von A deshalb eine Instanz sein, weil wir sie mit unseren Augen sehen. Denn was wir mit unseren eigenen Augen sehen können, muß immer in Raum und Zeit sein. Deshalb existiert die Farbe von A hier (wo A ist) und jetzt (während A existiert). Die Farbe von B andererseits, existiert dort (wo B ist) und jetzt (während B ist). Was man offensichtlich zu der gewünschten Schlußfolgerung benötigt, ist das Axiom der Lokalisierung. Nehmen wir einmal an, das Axiom der Lokalisierung träfe zu. Dann beruht das Argument auf der angeblichen Tatsache, daß das, was wir sehen (oder allgemeiner, was wir wahrnehmen), immer in Raum und Zeit lokalisiert ist. Es beruht deshalb auf einer erkenntnistheoretischen These. Ich denke, daß diese These falsch ist. Doch erneut muß ich auf einen anderen Ort für eine detaillierte Argumentation hinweisen (vgl. Grossmann 1990). Was auf dem Spiel steht, ist eine gewisse (platonische) Konzeption der Wahrnehmung. Ich glaube, daß Wahrnehmung urteilsmäßig, nach der Aussage verfaßt ist:

---

[7] Auch hierfür gibt es keine angemessene deutsche Übersetzung, und der Begriff *bare particular* hat sich in der philosophischen Debatte auch im deutschen Sprachraum durchgesetzt. Man könnte den Begriff vielleicht mit „bloßes Ding" oder „nacktes Ding" übersetzen, und erläutern, daß damit ein Ding ohne jegliche Bestimmung, ohne jede Eigenschaft zu verstehen ist, ein bloßer Individuator (Anmerkung des Übersetzers).

immer nimmt man wahr, *daß* dies und jenes so oder so ist. Zum Beispiel nehme ich wahr, *daß A weiß ist*. In der Wahrnehmung, daß A weiß ist, nehme ich nicht nur die Billardkugel wahr, sondern ebenso die Farbe weiß. Und während die Billardkugel raumzeitlich ist, gilt dies nicht von der Farbe weiß. Daher ist es einfach nicht wahr, daß wir nichts anderes wahrnehmen können als raumzeitliche Dinge. Wir können abstrakte Dinge ebenso wahrnehmen, und wir tun es.

Soviel zur Verteidigung der Instanzenauffassung. Wie ich schon zuvor sagte, ist diese Auffassung nominalistisch; sie bestreitet die Existenz von Universalien. Dieser Widerspruch ist ihr Sturz. Man vergleiche unsere beiden Billardkugeln mit einer dritten Kugel, die grün ist. Nennen wir die Farbinstanzen dieser drei Kugeln ‚I_1', ‚I_2', und ‚I_3'. Es ist eine Tatsache, daß I_1 und I_2 Instanzen von weiß sind, während I_3 eine Instanz (einer gewissen Schattierung) von grün ist. Was ist mit diesen drei Tatsachen? Wie können sie nach der Instanzenauffassung verstanden werden. Alle Instanzen von weiß haben etwas gemeinsam und ebenso alle Instanzen von grün. Was macht die Instanzenauffassung aus dieser Tatsache? (Für eine aktuelle und detaillierte Diskussion dieser Auffassung vgl. Armstrong 1978 und Moreland 1985).

Husserl hat kein Problem. Er argumentiert, daß es zusätzlich zu diesen Instanzen ebenso abstrakte Farben gibt; eine gewisse Schattierung von weiß und eine Grünschattierung. Die Tatsachen, daß I_1 eine Instanz von weiß ist und I_3 eine Instanz von grün, existieren ebenso wie die Tatsachen, daß A I_1 enthält, während C I_3 enthält. Die drei Tatsachen:

(1) A ist weiß
(2) B ist weiß
(3) C ist grün

sind nach Husserl wirklich konjunktive Tatsachen:

(4) A hat I_1 und I_1 ist eine Instanz von weiß;
(5) B hat I_2 und I_2 ist eine Instanz von weiß;
(6) C hat I_3 und I_3 ist eine Instanz von grün.

Husserl ist deshalb sowohl ein Ontologe als auch ein Realist. Seine Insistenz, daß es zusätzlich zu Instanzen auch abstrakte Eigenschaften (Universalien) gibt, ist nicht durch den Nominalismus motiviert. Sie hat einen anderen Ursprung, einen Ursprung, der auf Platon zurückgeht und durch Kant (1724 – 1804) wieder eingeführt wurde. Kant behauptete, daß Raum und Zeit Formen der Anschauung sind, d.h., daß sie Formen der Sinnlichkeit sind (Kant 1965). Diese Auffassung impliziert, daß das, 'was uns durch die Sinne gegeben wird', in Raum und Zeit lokalisiert sein muß. Nun kann nichts offensichtlicher sein als, daß Farben eine Angelegenheit sinnlicher Bekanntschaft sind; wir kennen Farben, weil wir sie sehen. Daraus folgt, und dies muß für Husserl offensichtlich gewesen sein, daß Farben in Raum und Zeit lokalisiert sind. Doch wenn sie so lokalisiert sind, dann müssen sie das sein, was wir Instanzen genannt haben. Kants Dogma führt in dieser Weise zu der Auffassung, daß A eine gewisse Instanz von weiß hat, während B eine andere Instanz hat. Was Husserl von der Existenz von Instanzen überzeugte, dies ist klar, ist das früher erwähnte Argument mit der Wirkung, daß das, was wir wahrnehmen können, in Raum und Zeit sein muß. Allerdings erkannte Husserl auch deutlich, daß der Nominalismus keine akzeptable Theorie ist (Husserl 1993: Band I). Er bemühte sich daher um einen Kompromiß: die Farbe von A, die wir mit unseren Augen sehen, ist eine Instanz, die in Raum und Zeit lokalisiert ist; aber diese Instanz ist eine Instanz einer abstrakten Farbe; diese Universalie sehen wir nicht mit unseren Augen, sondern kennen sie auf eine andere Weise. In unserer Auffassung sind Husserls Instanzen überflüssig. Wir sehen beides, die Billardkugel, die ein individuelles, in Raum und Zeit lokalisiertes Ding ist, und die abstrakte Eigenschaft Weißheit.

Eine andere Möglichkeit, die Tatsache, daß I_1 eine Instanz von weiß ist, zu bedenken, besteht darin, I_1 als Mitglied der Mengen aller weißen Instanzen zu denken, wobei die Menge als eine abstrakte Entität verstanden wird. Bezugnehmend auf die Tatsachen (4) – (6) haben wir dann:

(7) A hat I_1, und I_1 ist ein Mitglied der Menge weißer Instanzen
(8) B hat I_2, und I_2 ist ein Mitglied der Menge weißer Instanzen
(9) C hat I_3, und I_3 ist ein Mitglied der Menge grüner Instanzen

Dies ist ein möglicher Weg, scheint mir, Stouts Auffassung zu interpretieren. In jeder der beiden Auffassungen, ob Husserls oder Stouts, existieren zusätzlich zu den konkreten Individuen und den konkreten Instanzen, gewisse *abstrakte* Dinge; die abstrakten Eigenschaften im Falle Husserls und die abstrakten Mengen in Stouts Fall.

Die meisten Philosophen, die die Instanzenauffassung angenommen haben, sind jedoch Nominalisten. Sie bestreiten die Existenz von abstrakten Dingen und Universalien. Wie analysieren sie die Tatsache, daß eine Instanz eine Instanz einer gewissen Eigenschaft ist? Es gibt eine Anzahl verschiedener Vorschläge, doch keiner ist wirklich überzeugend. Als wir über den Nominalismus der mittelalterlichen Philosophen sprachen, sagte ich, daß sie dem Problem gegenüberstanden, etwas zu finden, das den verschiedenen Instanzen derselben Eigenschaft gemeinsam ist. Wir haben jetzt darüber nachzudenken, wie Nominalisten versucht haben, dieses Problem zu lösen.

Erstens haben sie versucht, die abstrakte Eigenschaft weiß auf eine raumzeitliche Ganzheit zurückzuführen, die aus allen weißen Dingen besteht. Sagt man, daß I_1 eine Instanz von weiß ist, dann sagt man, daß sie ein Teil des raumzeitlichen Ganzen ist. Während dies im Fall der Farben plausibel zu sein scheint, versagt der Versuch bei anderen Eigenschaften. Zum Beispiel, während es wahr sein könnte, daß das raumzeitliche Ganze, das aus allen weißen Dingen besteht, weiß ist, ist es sehr unwahrscheinlich, daß das Ganze, das aus allen quadratischen Dingen besteht, selbst ein Quadrat ist. Daher kann die Erklärung, daß eine gewisse Instanz eine Instanz des Quadratischen ist, keine Erklärung sein, daß diese Instanz eine Instanz dieses Ganzen ist.

Zweitens, haben andere Philosophen versucht, die Farbe weiß durch das Wort ‚weiß' zu substituieren (vgl. z.B. Goodman 1978). Die Tatsache, daß I_1 eine Instanz von weiß ist, wird durch die Tatsache zu erklären versucht, daß I_1 in einer bestimmten Weise mit dem Wort ‚weiß' verbunden ist. Man kann zum Beispiel sagen, das I_1 ‚weiß' *genannt* wird. Aber diese Auffassung ist aus einer ganzen Reihe von Gründen unakzeptabel. Es ist klar, daß I_1 auch dann eine Instanz von weiß wäre, wenn es das Wort ‚weiß' nicht gäbe. Ebenso ist klar, daß I_1 auch dann eine Instanz von weiß bleiben würde, wenn wir uns entscheiden, sie irgendwie anders zu nennen. Das I_1 eine Instanz von weiß ist, ist vollkommen unabhängig davon, wie wir sie nennen. Weiterhin ist das Wort ‚weiß' (oder ‚Weißheit') selbst ein abstraktes Ding. Wir müssen die Tatsache beachten, daß das Wort nicht dasselbe ist, wie eine besondere Aufschrift des Wortes. Genau dasselbe Wort besteht in anderen Büchern, auf anderen Tafeln etc. Es gibt viele besondere Aufschriften genau desselben Wortes. Das Wort, wie wir es gewöhnlich verstehen, ist ein Muster (eine Form), die alle Aufschriften teilen. Es ist eine *Eigenschaft*, die alle diese Aufschriften haben. Dies aber bedeutet, daß wir zuerst die Tatsache bedenken müssen, daß die Aufschriften Instanzen desselben Musters sind. Das Problem hat sich damit geändert von der Beziehung zwischen der Instanz I_1 und weiß zu der Beziehung zwischen der Aufschrift (Instanz) des Wortes und dem Wort. Nichts aber wurde getan, um das Problem zu lösen.

Drittens gibt es den schon zuvor in unserer Betrachtung der mittelalterlichen Universaliendiskussion erwähnten ‚moderaten Realismus'. (Diese Auffassung wurde manchmal dem Hl. Thomas von Aquin zugesprochen. Vgl. z.B. Copleston 1962 II: 175 f.). Was nach dieser Auffassung das Gemeinsame ist, ist der Begriff der Weißheit; alle Instanzen von weiß fallen unter denselben Begriff. Aber so elegant diese Form des Nominalismus auch war und wahrscheinlich noch ist, so ist sie doch nicht plausibler als die Auffassung, daß Dinge weiß sind, weil wir sie weiß nennen. Es ist ganz offensichtlich, daß Dinge die Farbe haben, die sie haben, die Form, die sie haben, etc., wenn es überhaupt keinen Geist gäbe und daher keine Begriffe. Dies bedeutet natürlich nicht, daß irgendjemand von Farben, Formen usw. *wüßte*, wenn es keinen Geist gäbe. Weiterhin besteht die Tatsache, daß Begriffe selbst Universalien sind (ebenso wie Worte in unserem letzten Fall). Bedenken wir den Begriff weiß*. (Der Stern wird eingeführt, um kenntlich zu machen, daß wir über den Begriff reden und nicht über die diesem korrespondierende Eigenschaft). Offenbar müssen wir zwischen dem Begriff weiß* und vielen unterschiedlichen Vorkommnissen im Geist verschiedenster Menschen unterscheiden. Immer wenn eine bestimmte Person an die Farbe denkt, besteht vermutlich eine bestimmte Instanz des Begriffs in seinem Geist. Aber alle diese Instanzen sind Instanzen desselben Begriffs. Was ist es, das Rechenschaft gibt dafür, daß diese Instanzen Instanzen desselben Begriffs sind? Eine vergleichbare Frage entsteht, wenn wir die Instanzen von weiß*, wie sie im Geist von verschiedenen Menschen bestehen, miteinander vergleichen. Die Frage, was Rechenschaft für die Tatsache abgibt, daß Instanzen von weiß Instanzen derselben Art sind, wurde schlicht ersetzt durch die Frage, was für die Tatsache Rechenschaft gibt, daß Instanzen von weiß* Instanzen derselben Art sind. Jeder Versuch, die Tatsache, daß die Instanzen von weiß etwas gemeinsam haben, dadurch zu erklären, daß man Bezug nimmt zu Worten oder Begriffen, führt zu einem unendlichen Regreß, der uns bekannt ist durch das, was wir früher ‚das Hauptargument gegen den Nominalismus' nannten.

Viertens und am wichtigsten haben Nominalisten versucht, die Tatsache, daß Instanzen Instanzen von einzelnen Eigenschaften sind, durch Tatsachen über die Ähnlichkeit von Instanzen zu ersetzen. (Die detaillierteste Beschreibung dieser Ähnlichkeitsauffassung findet sich bei H.H. Price 1953:1). Es gibt zwei Versionen dieses Ansatzes. Nach dem ersten gibt es eine Anzahl von Ähnlichkeitsrelationen, so viele, wie es Eigenschaften gibt, die zwischen den Instanzen der Eigenschaften bestehen. Zum Beispiel werden I_1 und I_2 als in der Ähnlichkeitsrelation S_w zu jedem anderen stehend gedacht, und diese Tatsache erklärt unsere übliche Ausdrucksweise, I_1 (oder I_2) ist eine Instanz der Eigenschaft weiß. Wenn man sagt, daß I_1 eine Instanz von weiß ist, dann sagt man nichts anderes als, daß sie in dieser besonderen Relation zu etwas steht. Es ist klar, daß diese Auffassung die verschiedenen Eigenschaften durch korrespondierende Relationen ersetzt.

Nach der zweiten Version existiert nur eine einzige Ähnlichkeitsrelation und ein ‚privilegiertes Mitglied' für jede Eigenschaft. Nehmen wir an, I_1 sei das ‚standardweiß'. Wenn man nun sagt, daß eine Instanz I_n weiß ist, bedeutet dies nichts anderes, als daß sie in der Ähnlichkeitsrelation zu I_1 steht. I_3, die eine Instanz von grün ist, steht nicht in dieser Relation zu I_1. Statt dessen steht sie in derselben Ähnlichkeitsrelation zu einigen besonderen Instanzen, sagen wir I_{100}, dem Standardgrün (für eine genaue Diskussion dieser beiden Versionen vgl. Brownstein 1973).

Es spielt wirklich keine Rolle, welche dieser beiden Versionen wir bedenken, denn sie teilen die wesentliche Annahme, daß es eine bestimmte Ähnlichkeitsrelation gibt. Der Nominalist muß behaupten, daß diese Relation keine Universalie ist. Denn was könnte er für einen möglichen Vorteil davon haben, daß er einerseits bestreitet, daß Eigenschaften Universalien sind, gleichzeitig aber zuläßt, das Relationen Universalien sind?

Mir scheint, es gibt mindestens drei Wege, durch die wir jede der beiden Versionen des Ähnlichkeitsnominalismus zurückweisen können. Erstens können wir argumentieren, daß die relationale Tatsache (oder Tatsachen) nicht dieselbe ist wie die Tatsache, daß eine gewisse Instanz die Instanz einer gegebenen Eigenschaft ist. Zweitens werden wir in Erwiderung des Nominalisten darauf bestehen, daß die Relation der Ähnlichkeit nicht selbst eine Instanz (einer Relation) sein kann, wegen des dann folgenden unendlichen Regresses. Und drittens stellen wir, gegen dem Nominalismus, fest, daß die Relation der ‚Farbähnlichkeit', wenn es eine solche Relation geben sollte, nicht in Raum und Zeit lokalisiert ist. Sehen wir uns diese drei Überlegungen genauer an.

Daß I_1 eine Instanz von weiß ist, wäre auch dann der Fall, wenn es keine andere Instanz von weiß gäbe, mit der I_1 ähnlich ist. Diese Tatsache würde bestehen, auch wenn es keine weitere Tatsache gäbe, daß I_1 ähnlich mit I_2 ist. Deshalb kann die zweite Tatsache nicht dieselbe sein wie die erste. Genauer genommen, nach der kritisierten Auffassung wäre es ontologisch für eine Eigenschaft unmöglich, in nur einem einzigen Fall instanziiert zu sein. Es gibt aber keine derartige ontologische Unmöglichkeit. Auch können wir einen erkenntnistheoretischen Blick auf dieses Argument werfen. Wenn die Auffassung korrekt wäre, dann müßte es unmöglich sein, die Tatsache wahrzunehmen, daß I_1 eine Instanz von weiß ist, ohne auch eine andere Instanz von weiß wahrzunehmen. Denn die erste Tatsache wahrzunehmen heißt, wahrzunehmen, daß I_1 in der Ähnlichkeitsrelation zu einer anderen Instanz steht, und dies impliziert die simultane Wahrnehmung von mindestens zwei Instanzen von weiß.

Bertrand Russell (1872 - 1970) legte einige Jahre später eine Version des Hauptarguments gegen den Nominalismus vor, die zeigte, daß die Ähnlichkeitsrelation selbst eher eine Universalie als ein particular sein muß und so der Nominalismus zurückgewiesen werden muß (vgl. On the Relations of Universals and Particulars, in: Russel 1956). Nehmen wir an, daß es zusätzlich zu I_1 und I_2 zwei weitere Instanzen von weiß gibt, nämlich I_{11} und I_{12}. Nun, entweder besteht ein und dieselbe Ähnlichkeitsrelation zwischen diesen beiden Paaren von Instanzen oder aber nicht. Wenn sie zwischen beiden besteht, dann ist die Ähnlichkeitsrelation eine Universalie. In diesem Fall besteht ein und dieselbe Sache, die Relation, zwischen I_1 und I_2 und ebenso zwischen I_{11} und I_{12}. Daher muß der Nominalist behaupten, daß die Ähnlichkeitsrelation, ebenso wie gewöhnliche Eigenschaften, aus Relations*instanzen* besteht. Deshalb haben wir zwei Instanzen der 'Weißheitsrelation', eine, die zwischen I_1 und I_2 besteht, und eine, die zwischen I_{11} und I_{12} besteht. Allgemeiner, ebenso wie es mutmaßlich so viele Instanzen von weiß gibt, wie es weiße Dinge gibt, so gibt es auch so viele Instanzen der 'Weißheitsrelation', wie es Paare weißer Dinge gibt. Aber alle diese Relationsinstanzen sind Instanzen der 'Weißheitsrelation' und als solche von den zahlreichen Instanzen der 'Grünheitsrelation' zu unterscheiden. Somit ist der Nominalist mit dem Problem konfrontiert, wie man die Tatsache analysieren kann, sagen wir, daß S_1 und S_2 beides Instanzen der 'Weißheitsrelation' sind (während, sagen wir, S24 eine Instanz der 'Grünheitsrelation' ist), ohne Berufung auf eine Relationsuniversalie Weißheitsähnlichkeit. Der Nominalist ist mit anderen Worten noch immer mit demselben Problem konfrontiert, das er zuvor hatte hinsichtlich der Tatsache, daß zwei Instanzen Instanzen derselben Farbe sind, nur, daß jetzt das Problem Relationen betrifft: wie erklärt man die Tatsache, daß S_1 und S_2 Instanzen derselben Relation sind (der Weißähnlichkeit). Es gibt nur zwei mögliche Erwiderungen auf unsere Frage: entweder der Nominalist erkennt Relationen an, von denen S_1 und S_2 Instanzen sind, oder aber er tut dies nicht.

Er kann die erste Möglichkeit nicht ergreifen, ohne die nominalistische Auffassung aufzugeben. Ferner, wenn er die Existenz einer relationalen Universalie der Weißheit zuläßt, dann kann er ebenso gut zum Anfang der Dialektik zurückkehren und die Existenz einer Eigenschaftsuniversalie weiß anerkennen; die Einführung der Ähnlichkeitsrelation wird überflüssig. Wenn er an seinem Nominalismus festhalten möchte, scheint es unter den Umständen nur eine geeignete Bewegung zu geben: der Nominalist muß daran festhalten, daß es eine Relation der Ähnlichkeit gibt, die zwischen verschiedenen Instanzen der Weißähnlichkeitsinstanzen besteht. Er muß annehmen, daß S_1 und S_2 beides Instanzen der Weißähnlichkeitsrelation sind, weil sie der Reihe nach in einer Ähnlichkeitsrelation zueinander stehen: S_1 und S_2 sind (in gewisser Hinsicht) einander ähnlich. Doch was ist mit zwei weiteren Instanzen, S_{11} und S_{12} der Weißähnlichkeitsrelation; stehen sie in *derselben* Relation zueinander wie S_1 und S_2? Trifft dies zu, dann hat der Nominalist erneut seine Position aufgegeben. Er muß deshalb daran festhalten, daß es noch eine andere Relation gibt, die zwischen solchen Relationen besteht, und daß diese Relation ebenso auseinanderfällt in viele Instanzen. Doch ich denke, es ist klar, daß sich in der Auseinandersetzung nichts mehr ändert: den Nominalisten, konfrontiert mit einer Tatsache, bleibt nichts übrig, als diese entweder willkürlich zu bestreiten oder als unbedeutend zu übergehen. Die Einführung dieser Tatsachen höherer Ordnung über Relationen zwischen Relationen trägt nichts zur Antwort auf die Frage bei, wie zwei Instanzen (von Eigenschaften oder Relationen) Instanzen *derselben* Art sein können, ohne dieselbe Art zu sein. Der infinite Regreß zu immer höheren Relationen zwischen Relationen ist deshalb tückisch. Wir haben hier schlicht das Hauptargument gegen den Nominalismus angewendet auf Relationen anstatt auf Eigenschaften.

Wenn wir uns erinnern, daß die Hauptmotivation des Nominalismus eine Aversion gegen abstrakte Dinge ist, dann müssen wir fragen, *wo* die Relationsinstanzen im Raum (und in der Zeit) lokalisiert sind. Vermutlich existiert die Relation S_1 zwischen den zwei Instanzen von weiß, I_1 und I_2, doch wo ist sie? Wo ist die Ähnlichkeit zwischen diesen beiden Instanzen? Wir erheben erneut die Frage, wo (und wann) man die Existenz der Relationen vermutet? Während es eine gewisse Plausibilität haben mag zu behaupten, daß die Farbe dort ist, wo das farbige Ding ist, gibt es eine derartige Plausibilität in diesem Fall nicht. Die Plausibilität beruht auf der Tatsache, daß es eine Antwort auf die Frage gibt, wie wir wissen, wo die Farbe ist, nämlich weil wir sie ‚dort drüben' oder ‚rechts vor uns' sehen. Aber diese Antwort ist im zweiten Fall nicht anwendbar. Wo ist die Ähnlichkeitsbeziehung zwischen I_1 und I_2. Ich sehe sie nicht dort, wo I_1 ist. Auch sehe ich sie nicht dort, wo I_2 ist. Und auch an keinem anderen Ort, sagen wir, in der Mitte zwischen I_1 und I_2, sehe ich sie.

Im Fall der zwei Farbinstanzen existiert die Struktur, die aus den zwei farbigen Dingen in räumlichen Relationen zueinander besteht. Die Struktur selbst ist räumlich. Sie ist im Raum lokalisiert. Dies suggeriert die bis jetzt bekannte naturalistische Antwort, daß die Ähnlichkeitsinstanz dort ist, ‚wo die Struktur ist'. Doch denke ich nicht, daß diese Antwort sehr überzeugend ist. Ich nehme die Individuen wahr als ‚hier' und ‚dort' lokalisiert. Ich nehme auch die Struktur als relativ zu anderen Strukturen lokalisiert wahr: die zwei Billardkugeln sind, als Ganze, links vom Billardstab lokalisiert. Aber ich sehe nicht, daß die Ähnlichkeitsrelation an irgendeinem Ort lokalisiert ist. Um zu sehen, daß die beiden Billardkugeln Farbinstanzen haben, die ähnlich sind, muß ich auf die Billardkugeln und ihre Farben sehen. Ich muß ‚in diese Richtung' blicken. Doch sehe ich nirgendwo die Ähnlichkeitsinstanz. Es ist schlicht eine Tatsache, daß, obwohl ich sehe, daß die zwei Instanzen ähnlich sind, die Ähnlichkeit nicht an einer bestimmten Stelle ist.

Bisher habe ich freilich angenommen, daß eine Ähnlichkeitsrelation der erforderlichen Art existiert. Doch nun muß ich mich beeilen, diese Annahme zurückzunehmen. Zwei weiße Billardkugeln sind ähnlich hinsichtlich der Farbe. Ebenso sind sie ähnlich hinsichtlich der Form. Doch dies bedeutet in meiner Ontologie nicht, daß eine Ähnlichkeitsrelation zwischen den zwei Kugeln besteht. Vielmehr bedeutet es, daß die beiden Billardkugeln dieselbe Farbeigenschaft teilen: sie sind beide weiß. Wenn man sagt, daß sie ähnlich sind hinsichtlich der Farbe, ist dies nur eine andere Art zu sagen, daß sie dieselbe Farbe haben. Nehmen wir für einen Moment an, daß statt dessen die beiden Farbinstanzen I_1 und I_2 existieren. Es ist klar, daß die Ähnlichkeit zwischen beiden Instanzen nicht eine Angelegenheit dessen sein kann, daß sie dieselbe Farbe teilen; denn es gibt in dieser Ontologie keine Eigenschaften. Die Behauptung geht in die entgegengesetzte Richtung: zu sagen, daß die zwei Instanzen dieselbe Eigenschaft haben, daß sie beide Instanzen von weiß sind, ist nicht mehr als zu sagen, daß die Ähnlichkeitsrelation zwischen ihnen besteht. Während unser Gegner die Existenz von Eigenschaften zugunsten der Instanzen und der Ähnlichkeitsrelation zwischen ihnen bestreitet, bestreite ich die Existenz der Ähnlichkeitsrelation und der Instanzen, zwischen denen sie bestehen soll.

Abstraktion

Seit Descartes (1596-1650), während der ersten hundert Jahre der neuzeitlichen Philosophie, schien das Nominalismus – Realismus Problem eine neue Form anzunehmen. Der Nominalismus hatte triumphiert. Locke (1632-1704) stellte fest, daß alle existierenden Dinge *particulars* sind (Locke 1959 II:14). Hobbes (1588-1679) sagte: ‚nichts in der Welt ist universal außer Namen, denn jedes einzelne benannte Ding ist individuell und singulär' (Hobbes 1958: 39). Berkeley (1685-1753) ist ein Nominalist und ebenso Hume (1711-76). Und auch der brillante Reid kann nicht helfen, wie wir sehen werden, sondern spendet dem Nominalismus Lippenbekenntnisse. Doch der Nominalismus bringt eine wichtige Frage hervor. Die Frage wird von Locke prägnant formuliert:

> Die nächste zu bedenkende Sache ist, - Wie werden generelle Worte gemacht. Denn wenn alle Dinge, die existieren, nur *particulars* sind, wie kommen wir dann zu generellen Ausdrücken; oder wo finden wir solche generellen Naturen, für die diese Ausdrücke stehen könnten?

Und seine Antwort ist ebenso prägnant:

> Worte werden dadurch generalisiert, indem sie als Zeichen für generelle Ideen verwendet werden: und Ideen werden generell, indem sie von den Umständen der Zeit und des Raumes absehen, oder von

anderen Ideen, die sie zu dieser oder jener besonderen Existenz bestimmen könnten. Auf diese Weise der Abstraktion werden sie fähig, mehr als ein Individuum zu repräsentieren. Jedes von ihnen, das eine Übereinstimmung mit der abstrakten Idee in sich hat, ist (nennen wir) eines von dieser Art.

Das bedrängende Problem ist: woher kommen die generellen Worte, und was repräsentieren sie? Lockes Antwort lautet: sie stehen für generelle Ideen, und diese Ideen bekamen wir durch einen *Prozeß der Abstraktion*. Viele der Diskussionen zwischen den Nominalisten des siebzehnten und achtzehnten Jahrhunderts drehen sich um die Möglichkeit und Natur des Abstraktionsprozesses.

Wie sieht Locke die Abstraktion? Es scheint mir, daß die folgende Interpretation ihm gerecht wird. Bedenken wir erneut eine der zwei weißen Billardkugeln. Freilich, es ist ein individuelles Ding; es ist ein *particular*. Nun, wir haben eine Idee von diesem individuellen Ding. Weil es die Idee von einem individuellen Ding ist, ist es keine allgemeine Idee. Die Idee der Billardkugel ist komplex: eine weiße Kugel jetzt hier vor mir. Ein Teil diese komplexen Idee ist die Idee von weiß (oder Weißheit). Abstraktion beruht darauf, daß man alle solche Ideen von der komplexen Idee der Kugel abzieht – wie die Idee des Ortes oder der Zeit – die diese Idee zu einer individuellen machen. In unserem Beispiel beruht sie auf der Konzentration auf die Teilidee von weiß. Diese Idee der Weißheit, weil es keine Idee eines individuellen Dinges ist, ist eine allgemeine Idee. Schließlich wird das Wort ‚weiß' (oder ‚Weißheit') genommen, um die allgemeine Idee von weiß zu repräsentieren.

Was an Lockes Beschreibung des Abstraktionsprozesses wirklich erstaunlich ist, ebenso wie bei den bekennenden nominalistischen Ansätzen von Berkeley, Reid und anderen, ist, daß sie alle zugeben, daß der Realismus richtig ist. Seine Beschreibung der Abstraktion impliziert den Realismus, obgleich der Nominalismus bekannt wird. Wenn wir die Idee von weiß vom Rest der Idee abtrennen, die die Idee dieser besonderen Billardkugel ausmacht, haben wir dann nicht die Idee von weiß, d. i., eine Idee von etwas, das vielen individuellen Dingen gemeinsam ist? Und was anderes als eine universale Eigenschaft ist die ‚Übereinstimmung' in verschiedenen Individuen, die von Locke erwähnt wird, als eine Übereinstimmung in einer abstrakten Idee? Läuft nicht schließlich Lockes Abstraktion auf einen etwas komplizierteren und schwierigeren Prozeß hinaus als unsere Aufmerksamkeit auf die gewisse Eigenschaft eines Individuums? Wenn wir die anderen Eigenschaften der Billardkugel unbeachtet lassen und unsere Aufmerksamkeit allein der Farbe zuwenden, kann man vielleicht sagen, daß die Idee der Farbe in unserem Geist übrig bleibt.

Andererseits sagt Locke hier auch, daß mittels der Abstraktion eine Idee ‚fähig ist, mehr als ein Individuum zu repräsentieren'. Dies stimmt natürlich nicht mit dem Realismus überein. Die Idee von weiß, wie ihre Beschreibung sagt, ist die Idee einer gewissen Farbe, nicht die Idee verschiedener Individuen. Und hier findet sich der zusätzliche nominalistische Gedanke, daß ein allgemeines Wort wie ‚weiß', nach Locke nicht so zu verstehen ist, daß es eine Farbe, sondern daß es eine Idee repräsentiert.

Dieselbe Mischung aus Realismus und Nominalismus zeigt sich in der folgenden Passage:

> Demnach ist das, was allgemeine Wörter bezeichnen, eine Art von Dingen; und jedes davon tut dies dadurch, daß es Zeichen einer abstrakten Idee im Geiste ist. Unter dem Namen werden die existierenden Dinge insofern eingereiht, als man findet, daß sie der Idee entsprechen oder, was dasselbe ist, daß sie von jener Art sind. Daraus geht klar hervor, daß das Wesen der Arten oder, wenn das lateinische Wort gefällt, die Spezies der Dinge nichts anderes sind als die abstrakten Ideen (Locke 1959 II: 22).

Das Wort weiß, hörten wir, repräsentiert nicht die Farbe weiß, noch das, was allen weißen Dingen gemeinsam ist, sondern steht für ein mentales Ding, eine Idee im Geist. Punkt eins für den Konzeptualismus und daher für den Nominalismus. Aber existierende Individuen werden ‚gefunden als übereinstimmend' mit der abstrakten Idee von weiß. Und was könnte dies anderes bedeuten als, daß diese Dinge weiß *sind*? Ein Punkt für den Realismus. Im unmittelbar folgenden Satz jedoch hörten wir, daß die Wesenheiten oder Arten der Dinge nicht die Merkmale sind, die mit der abstrakten Idee ‚übereinstimmen', sondern diese Ideen selbst. Hier triumphiert der Konzeptualismus um den Preis der Absurdität. Denn wenn die Art Mensch eine Idee im Geist ist, dann prädizieren wir Platon eine Idee, wenn wir behaupten, daß er ein Mensch ist.

Während Locke denkt, daß allgemeine Worte allgemeine Ideen repräsentieren, geht Berkeley einen Schritt weiter in Richtung auf den Nominalismus. Er behauptet, daß es überhaupt keine abstrakten Ideen gibt und daß die einzigen allgemeinen Dinge, die es gibt, allgemeine Worte sind. Locke gibt leider ein Beispiel für eine abstrakte Idee, welche es Berkeley erlaubt, einen Spaß über abstrakte Idee überhaupt zu machen. Doch dies ist nur lediglich ein Lapsus Lockes:

> ‚Zum Beispiel, erfordert es nicht einige Mühe und einiges Geschick, die allgemeine Idee des Dreiecks zu bilden? Denn dieses darf weder schiefwinklig, noch rechtwinklig, noch gleichseitig sein, aber alles und nichts davon zugleich sein.' (Locke 1959 II: 274).

Locke sagt hier, daß die Idee des Dreiecks eine komplexe Idee ist, die Ideen enthält, die miteinander inkonsistent sind. Doch dies ist nicht seine überdachte Auffassung. Nach seiner Theorie der Abstraktion ist die Idee des Dreiecks von der Idee eines bestimmten einzelnen gleichseitigen Dreiecks durch *Ablegen* der Idee der Gleichseitigkeit und durch Auslassen anderer ‚individuierender' Ideen abstrahiert und nicht durch Einschließen dieser Idee der Gleichseitigkeit in sie. Auf jeden Fall erlaubt dieser Fehler Berkeley, einen Spaß über den ganzen Begriff der Abstraktion zu machen: ‚Wenn irgendein Mensch die Fähigkeit hat, in seinem Geist solch eine Idee eines Dreiecks, wie es hier beschrieben wurde, zu bilden, ist es ein vergeblicher Anspruch, ihm dies bestreiten zu wollen, und das würde ich hier auch nicht unternehmen' (Berkeley 1957: 13).

Berkeleys Hauptargument gegen Lockes Auffassung der Abstraktion beruht auf der Behauptung, daß wir nicht gewisse Ideen ablegen können, um zu abstrakten Ideen zu gelangen. Zum Beispiel würde er behaupten, daß wir nicht die Idee der Rundheit weglassen können, wenn wir die Idee von weiß von der Idee der runden Billardkugel vor uns auf dem Billardtisch abstrahieren. Seine Behauptung beruht auf einem sonderbaren Verständnis dessen, was eine Idee sein soll. Während die Tradition vor Berkeley scharf zwischen Ideen (Begriffen) einerseits und Vorstellungsbildern andererseits unterschied, identifiziert Berkeley schlicht beide. Die Idee einer weißen Billardkugel ist für ihn ein Vorstellungsbild der Kugel. Und weil es ein Vorstellungsbild der Kugel ist, kann er richtig behaupten, daß er nicht das Vorstellungsbild der Farbe von der Vorstellung der Form trennen kann. Was er schließlich behauptet, ist, daß wir nicht nur eine Vorstellung von weiß haben können, und hier stimmen wir ihm zu. Doch müssen wir gleichfalls in Bezug auf Berkeley feststellen, daß Lockes

Ideen keine Vorstellungen sind und daß deshalb seine Kritik der Abstraktion den Kern verfehlt.

Wie unsicher alle Versionen des Nominalismus tatsächlich sind, zeigt Berkeleys positive Auffassung. In einer berühmten Passage behauptet Berkeley plötzlich die realistische Auffassung, und der Kampf ist vorbei:

> Ein Mensch mag sich eine Figur lediglich als dreieckig denken, ohne die besonderen Qualitäten der Winkel oder die Relationen der Seiten hinzuzufügen. So weit kann er abstrahieren. Er wird aber niemals beweisen, daß er eine abstrakte, allgemeine, inkonsistente Idee eines Dreiecks bilden kann (Berkeley 1957: 16).

Reid kommentiert diese Stelle folgendermaßen:

> Wenn ein Mensch eine Figur lediglich als dreieckig denken kann, so muß er irgendwie einen Begriff dieses Objekts seiner Überlegung haben, denn kein Mensch kann ein Ding denken, das er nicht begriffen hat. Er hat somit einen Begriff einer dreieckigen Figur nur als solcher. Ich weiß nichts anderes, was mit einem abstrakten, allgemeinen Begriff eines Dreiecks gemeint sein könnte (Reid 1969: 519).

Was an der Kontroverse über abstrakte Ideen bemerkenswert ist, ist die Tatsache, daß die Teilnehmer wie Realisten reden, während sie gleichzeitig ihren Nominalismus bekennen. Wir haben dies bei Locke und Berkeley herausgestellt, und wir möchten dieses Kapitel schließen mit einem letzten Zitat von Reid, eine Stelle, die den tiefsten Grund für die nominalistische Künstelei dieser Philosophen zum Vorschein bringt:

> Ideen, sagt man, haben eine reale Existenz im Geist, zumindest während wir sie denken; aber Universalien haben keine reale Existenz. Wenn wir ihnen Existenz zuschreiben, *ist dies keine Existenz in Raum und Zeit*, sondern Existenz in einem individuellen Subjekt. Und diese Existenz bedeutet nicht mehr, als daß sie wirklich Attribute eines solchen Subjekts sind. Ihre Existenz ist nichts anderes als Prädizierbarkeit oder die Fähigkeit, einem Subjekt zugesprochen zu werden (Reid 1969: 516, meine Hervorhebung R.G.)

Was Reids Nominalismus nährt, ist ein eigenartiger Begriff der Existenz: reale Existenz, glaubt er, ist Existenz in Raum und Zeit. Weil Universalien nicht in Raum und Zeit existieren, können sie nicht wirklich existieren. Reids Nominalismus basiert auf einem naturalistischen Axiom: was existiert, muß in Raum und Zeit existieren. Aber Reids gesunder Menschenverstand kann sich nicht mit der kategorischen Leugnung der Existenz von Universalien beruhigen. Deshalb spricht er den Universalien eine andere Art von Existenz zu, nämlich Prädizierbarkeit (Attributivität). Doch wie kann etwas prädizierbar sein, wie kann man etwas zusprechen, wenn es nicht existiert, wenn es überhaupt nicht da ist? Nein, wir müssen umgekehrt argumentieren: weil wir individuellen Dingen Universalien zusprechen, muß es solche Universalien geben; und weil sie nicht raumzeitlich sind, kann Existenz nicht begrenzt werden auf Dinge in Raum und Zeit. Der Naturalismus muß aufgegeben werden.

(Es ist nicht nötig zu sagen, daß ich das Wort ‚abstrakt', abstrakte Entität nicht im Sinne von abstrahierter Entität gebrauche. Wir gebrauchen ‚abstrakt' im Gegensatz zu ‚konkret', und dieses Wort verwenden wir in seiner üblichen Bedeutung. Ein konkretes Ding ist ein raumzeitliches Ding, etwas, das man berühren kann und auf das man zeigen kann [wenn es nicht zu groß oder zu klein ist!]).

KAPITEL III

Die Struktur der Welt
Die Kategorien

Kategorien

Individuelle Dinge sind zeitlich. Sie konstituieren das physikalische Universum. Ihre Eigenschaften, sahen wir, sind nicht zeitlich. Auch sind sie nicht räumlich. Die Welt, anders als das Universum, besteht aus individuellen Dingen und aus allen anderen Arten von Entitäten. Sie besteht deshalb aus individuellen Dingen und deren Eigenschaften. Aber die Realisierung, daß es zeitlose Dinge gibt, daß es eine Welt zusätzlich zum physikalischen Universum gibt, führt zu der Frage, ob es noch andere zeitlose Dinge gibt. Besteht die Welt aus einer großen Anzahl von Arten abstrakter Dinge? Die Antwort auf diese Frage ist affirmativ: wie es aussieht, ist die Welt ein sehr kompliziertes Netz individueller Dinge und von Arten abstrakter Dinge. Es gibt viel mehr Arten abstrakter Dinge, als die ersten Ontologen zu träumen wagten. Ich möchte diese Arten von Dingen ‚Kategorien' nennen. Die Welt besteht aus Individuen und einer Zahl von Kategorien abstrakter Dinge.

Ich glaube, daß es alles zusammengenommen sieben Kategorien gibt, nämlich Individuen, Eigenschaften, Beziehungen, Strukturen, Mengen, Quantoren und Tatsachen. Natürlich kann es mehr oder weniger geben. Wie soll man das entscheiden? Es gibt kein ‚Entscheidungsverfahren' das uns erlaubt, ein für allemal, durch eine gleichsam mechanische Methode, zu entscheiden, wie viele Kategorien es gibt. Noch gibt es kategoriale (ontologische) Untersuchungen von einzigartiger und unbezweifelbarer Natur, wie viele Philosophen gewöhnlich meinen. Alles, was wir tun können, ist, Stück für Stück zu argumentieren, daß Dinge einer gewissen Art nicht zu einer gegebenen Kategorie gehören, weil Dinge dieser Art Eigenschaften haben, die von den Eigenschaften der Dinge dieser Kategorie verschieden sind. Ein individueller Apfel zum Beispiel ist keine Eigenschaft, weil Eigenschaften durch Dinge exemplifiziert werden, während dies nicht bei Äpfeln zutrifft. Wir haben zuvor ausführlich argumentiert, daß die Eigenschaft, ein Apfel zu sein, kein individuelles

Ding ist, weil sie nicht in Raum und Zeit existiert. Daher müssen Äpfel und die Eigenschaft, ein Apfel zu sein, zu unterschiedlichen Kategorien gehören. Die Herausarbeitung der Kategorien ist eine gewissenhafte Hausarbeit. Es ist eine Tatsache, daß bis vor wenig mehr als einhundert Jahren den Philosophen nur wenige Kategorien bekannt waren. Hauptsächlich drehte sich die Ontologie um die beiden Kategorien der individuellen Dinge und der Eigenschaften individueller Dinge. Grob gesprochen waren diese beiden freilich bereits die Kategorien der griechischen (aristotelischen und platonischen) Tradition.

In den folgenden Abschnitten möchten wir die sieben Kategorien diskutieren, die ich gerade erwähnt habe. Jede einzelne dieser Kategorien erfordert weit mehr Raum, als wir hier zur Verfügung haben, so daß hier bloß ein Hinweis auf die Komplexität der ontologischen Probleme der Existenz der Kategorien gegeben werden kann. Ich werde versuchen, für jede Kategorie ein besonderes Interesse oder ein wichtiges Problem auszuwählen und es in einigen Details zu diskutieren, wobei ich viele weitere Fragen auslasse, die durch die mögliche Existenz dieser Kategorie entstehen.

Strukturen

Unser primäres Beispiel für ein individuelles Ding war die Billardkugel. Doch diese Wahl ist nicht völlig korrekt. Es war tatsächlich eine Billardkugel ohne räumliche Teile und zu einem bestimmten Moment. Die Billardkugel als ein Ganzes mit allen seinen räumlichen Teilen und zeitlichen Phasen ist kein einfaches individuelles Ding, sondern eine komplizierte Struktur, die aus individuellen Dingen besteht. Es besteht aus diesen zeitlichen Phasen, es dauert während jeder Phase und hat eine Anzahl räumlicher Teile. Gibt es ebenso auch echte Individuen, d.i. *einfache* individuelle Dinge? Gibt es Dinge, die zeitlich und/oder räumlich sind und zugleich einfach? Ich glaube schon.

Ein an die Tafel gezeichnetes Quadrat ist ein räumlich einfaches Ding. Es ist nicht zeitlich einfach, da es für einige Zeit währt. Es existierte zum Beispiel, bevor ich nieste, und es besteht auch noch danach. Aber lassen wir für einen Moment die Zeit außer Acht. Ich sagte, daß das Quadrat räumlich einfach ist. Doch wie kann dies sein? Können wir nicht die rechte von der linken Seite unterscheiden, oder in unserer Vorstellung eine gerade Linie durch die Mitte ziehen? Natürlich können wir das. Doch ist eine vorgestellte Linie keine wirkliche Linie, so wie auch ein vorgestellter Riese kein wirklicher Riese ist. Das Quadrat, so wie es gezeichnet ist, hat keine rechte oder linke Seite. Nachdem man tatsächlich eine Linie durch seine Mitte gezogen hat, hat es in der Tat diese zwei Seiten. So wie es ist, hat es aber keine Seiten. Wenn man zusätzlich eine horizontale Linie durch das Quadrat zieht, hat das Quadrat vier Teile, nämlich vier kleinere Quadrate. Doch bevor irgendeine Linie gezogen wurde, hatte es keine Teile und war folglich räumlich einfach.

Gibt es ebenso auch zeitlich einfache Individuen? Gibt es Individuen, die keine Dauer haben? Häufig wurde auf einen Lichtblitz als zeitlich einfaches Individuum verwiesen. Ich glaube, daß das offensichtlichste Beispiel eher ein mentaler Akt ist. Sie befinden sich auf Händen und Knien auf dem Teppich unter dem Tisch und suchen nach dem Stift, der Ihnen gerade heruntergefallen ist. Plötzlich entdecken Sie den Stift hinter einem Tischbein. Dieser Akt, mit dem Sie den Stift sehen, hat keine Dauer. Sobald er besteht, ist er auch schon vorüber. Sie können ihn nicht in der Hälfte anhalten. Er erscheint, und schon ist er vorüber. Was für diesen Akt gilt, das gilt auch für alle anderen mentale Akte (die natürlich von mentalen Prozessen unterschieden werden müssen). Der Gedanke, daß Sie vergessen haben, nach Ihrem Auto zu sehen, besteht und ist sofort wieder vorüber. Er hat keine Dauer. Der plötzliche Wunsch, daß Sie in einem Straßencafé in Paris sitzen möchten, hat keine Dauer und so weiter.

Wenn diese Überlegungen richtig sind, dann gibt es einfache individuelle Dinge. Doch die gewöhnlichen Wahrnehmungsobjekte um uns herum wie die zwei Billardkugeln unseres Paradigmas sind komplexe Individuen. Daraus folgt, daß sie zur Kategorie der *Strukturen* gehören: es sind raumzeitliche Strukturen. Diese Unterscheidung zwischen einfachen und komplexen Dingen erfordert einige Bemerkungen. Als wir unsere Untersuchung begannen, teilten wir alle Dinge, die es gibt, in zeitliche und zeitlose Dinge ein. Die ersteren nannten wir Individuen. Nun sehen wir, daß dies nicht die einzige Möglichkeit ist, Dinge in grobe Kategorien einzuteilen. Unter den Individuen, die es gibt, sind einige einfach und andere komplex. Und wenn wir dieses Merkmal besonders betonen wollen, dann können wir zwischen einfachen Individuen einerseits und zeitlichen Strukturen andererseits unterscheiden. Wir müssen anmerken, daß es auch noch andere Arten von Strukturen gibt; nicht alle Strukturen sind zeitlich. Die Struktur, die z.B. durch die natürlichen Zahlen 1, 2, 3, etc. in dieser

Reihenfolge gebildet wird, ist nicht zeitlich. Es ist eine Tatsache, daß es zahlreiche nichtzeitliche Strukturen gibt. Lassen Sie mich betonen: ob wir ein komplexes Individuum von einfachen Individuen unterscheiden und das erstere der Kategorie der Strukturen zuweisen, ist vollständig davon abhängig, welche Interessen oder Zwecke wir im Auge haben.

Wir können von einer Kategorie der Strukturen sprechen, weil es zeitlose Strukturen gibt. Ansonsten hätten wir nur einfache und komplexe Individuen. Was ist das wesentliche Merkmal von Strukturen? Wie unterscheiden sich Strukturen von anderen Arten von Dingen?

Nach dem, was ich bereits sagte, ist klar, daß Strukturen komplexe Dinge sind. Aber nicht alle komplexen Dinge sind Strukturen. Mengen und Tatsachen, zum Beispiel, sind ebenfalls komplex, aber sie sind keine Strukturen in dem von uns gebrauchten technischen Sinne des Begriffs. Strukturen unterscheiden sich von Mengen dadurch, daß die Elemente einer Menge nicht miteinander verbunden sind, während die Teile einer Struktur dies immer sind. So korrespondiert mit der Struktur, die aus den natürlichen Zahlen 1, 2, 3 etc. bis 10 nach der Größe geordnet ist, die Menge dieser natürlichen Zahlen, die in keiner besonderen Ordnung zusammengestellt sind. Strukturen unterscheiden sich ebenfalls von Tatsachen, obgleich beide Arten Komplexe sind. Der wichtigste Unterschied zwischen beiden besteht darin, daß Tatsachen in gewissen Relationen zueinander stehen, während dies nicht für Strukturen gilt. Zwei Tatsachen können z.B. durch das *und* der Konjunktion miteinander verbunden sein, während es eine Konjunktion bei Strukturen nicht gibt.

Am wichtigsten ist jedoch, daß Strukturen sich von anderen komplexen Dingen dadurch unterscheiden, daß sie isomorph zueinander sein können (doch wir können diesen primären Begriff des Isomorphismus auch auf Mengen und Sachverhalte ausdehnen). Zwei Strukturen S1 und S2 werden als isomorph bezeichnet genau dann, wenn die drei folgenden Bedingungen erfüllt sind:

(i) für jeden nicht-relationalen Teil von S1 gibt es genau einen nicht-relationalen Teil in S2 und umgekehrt;

(ii) für jede Relation von S1 gibt es genau eine Relation in S2 und umgekehrt;

(iii) die Teile von S1, die denen von S2 entsprechen, stehen in den Relationen von S1 zueinander, die den Relationen von S2 entsprechen und umgekehrt.

Eine Illustration mag die Einfachheit des Begriffs des Isomorphismus klar machen. Stellen wir uns zwei Reihen von geraden und ungeraden natürlichen Zahlen vor, die nach der Größe angeordnet sind:
2 4 6 8 10 ...
1 3 5 7 9 ...
Diese beiden Reihen sind zueinander isomorph. Die erste Bedingung ist erfüllt: jeder geraden Zahl entspricht genau eine ungerade und umgekehrt. Zweitens entspricht der Relation, die nächstgrößere gerade Zahl zu sein, die Relation, die nächstgrößere ungerade Zahl zu sein. Und drittens, immer wenn zwei gerade Zahlen in ihrer Beziehung zueinander stehen, stehen die entsprechenden ungeraden Zahlen in ihrer Beziehung zueinander. Vier ist beispielsweise gleichgestellt mit drei, und sechs ist fünf zugeordnet; und weil sechs die nächstgrößere gerade Zahl nach vier ist, ist fünf die nächstgrößere ungerade Zahl nach drei.

Der Begriff des Isomorphismus erläutert, was wir genau meinen, wenn wir sagen, daß zwei komplexe Dinge *dieselbe Struktur haben*: Gleichheit der Struktur bedeutet einen Isomorphismus zwischen den jeweiligen Komplexen. Entscheidend ist, wenn ein Isomorphismus zwischen zwei Strukturen besteht, dann besteht eine einzigartige Art der ‚Ähnlichkeit' zwischen ihnen. Unsere beiden weißen Billardkugeln sind einander ähnlich, weil sie dieselbe Farbe teilen; sie sind beide weiß. Und sie sind ebenso einander ähnlich hinsichtlich der Tatsache, daß sie dieselbe Form teilen. Ähnlichkeit, die häufig mißverstanden wird, ist Selbigkeit in Bezug zu Eigenschaften und Relationen. Grob besprochen, je mehr Eigenschaften und Relationen zwei Dinge miteinander teilen, desto mehr sind sie einander ähnlich. Doch sehen wir nun auch, daß es eine Ähnlichkeit zwischen verschiedenen Dingen gibt, die von einer ganz anderen Art ist. Zwei Strukturen können einander ähnlich sein, nicht dadurch, daß sie gemeinsame Eigenschaften oder Relationen teilen, sondern indem sie einander isomorph sind. Wir haben eine neue und sehr faszinierende Art der Ähnlichkeit entdeckt.

Diese Art der Ähnlichkeit, die fest in der Natur der Strukturen verankert ist, ist verantwortlich für die Tatsache, daß Strukturen verwendet werden können, um andere Strukturen zu repräsentieren. Sprachen z.B. sind Strukturen, die, wenn sie zum Erfolg führen sollen, eine Art von Isomorphie mit der Welt haben müssen. Dies hat viele neuere und zeitgenössische Philosophen zu der Annahme geführt, daß man die Struktur der Welt aus der Struktur der Sprache ablesen kann. Ich glaube, daß ein Kern von Wahrheit in diesem ontologischen Ansatz liegt. Doch besteht die Schwierigkeit darin, nicht nur die grobe Ähnlichkeit zwischen Sprache und Welt zu entdecken, sondern eine detaillierte Beschreibung der Struktur der Welt zu geben. Auf der anderen Seite wurde der notwendige Isomorphismus zwischen Sprache und Welt auch dazu benutzt, um mittels einer ‚idealen Sprache' zu philosophieren. Wonach diese Philosophen strebten, war die Konstruktion eines Schemas der Sprache, die die kategoriale Struktur der Welt besser wiedergibt, als unsere normal gesprochene Sprache. Wegen dieser Verbindung zwischen Sprache und Ontologie spricht man heutzutage vom ‚linguistic turn' in der neueren Philosophie.

Überall um uns herum gibt es Strukturen. Die meisten Wissenschaften untersuchen die eine oder andere Struktur. Die (realen) Zahlen bilden ein kompliziertes Netz, das durch die bekannten Relationen der Summe, des Produkts etc. zusammengehalten wird. Arithmetik, könnte man sagen, ist nichts anderes als die ‚Wissenschaft', die mit diesem Netz zu tun hat. Natürlich sind auch Moleküle Strukturen, die von der Chemie erforscht werden, und Atome sind Strukturen, die von der Physik untersucht werden. Sobald man darauf achtet, erscheinen Strukturen überall in den Wissenschaften, in der Arithmetik und Geometrie ebenso. Es gibt auch eine allgemeine Theorie der Strukturen, nämlich die Algebra. Es muß jedoch betont werden, daß nach unserer Auffassung Mengenlehre und Ontologie es nicht primär mit gewissen Arten von Strukturen zu tun haben. Mengen sind keine Strukturen, wie ich bereits zuvor sagte, weil die Mitglieder einer Menge nicht durch irgendeine Relation miteinander verbunden sind. Gleichwohl besteht auch eine minimale Art von ‚Ähnlichkeit' zwischen Mengen: zwei Mengen können als einander ähnlich bezeichnet werden genau dann, wenn sie dieselbe *Anzahl* von Mitgliedern haben. Technischer ausgedrückt kann man sagen, daß sie einander ähnlich sind genau dann, wenn ihre Mitglieder eins-zu-eins zugeordnet werden können. Ontologie hingegen handelt vor allem von Tatsachen, wie wir sehen werden. Ihr Thema ist die Welt, und die Welt ist eine Tatsache.

Relationen

Strukturen sind Dinge in Relationen. Ohne Relationen gibt es keine Strukturen. Man sollte meinen, daß alleine diese Tatsache die Aufmerksamkeit auf die Bedeutung und den kategorialen Status der Relationen lenken müßte. Aber leider ging es den Relationen in der platonischen und aristotelischen Tradition nicht gut. Aristoteles scheint Relationen als Eigenschaften (Akzidenzien) einer eigentümlichen Art verstanden zu haben, nämlich als Eigenschaften, die irgendwie jenseits ihrer selbst auf andere Dinge zeigen (Kategorien, 7). Relationen sind in derselben Weise *in* individuellen Dingen (Substanzen) wie Eigenschaften, doch sind sie auf andere Dinge gerichtet. Offensichtlich fördert diese Konzeption nicht unser Verständnis der Kategorie der Relation. Sie verschiebt lediglich die Aufgabe der Erklärung auf den Begriff ‚auf etwas hinweisen'. Platon scheint eine radikalere, aber auch scharfsinnigere Auffassung von den Relationen vertreten zu haben. Wir werden gleich sehen, wie seine Auffassung vermutlich war, doch muß hier gesagt werden, daß er versuchte, Relationen durch Eigenschaften zu ersetzen. Nach Platons Auffassung, die seither von zahlreichen Philosophen übernommen und verbessert wurde, sagt man, wenn man sagt, daß eine Relation zwischen zwei Dingen besteht, nichts anderes als, daß diese zwei Dinge bestimmte Eigenschaften haben.

Das Problem mit Relationen ist, daß sie nicht *in* etwas zu sein scheinen. J. McT. E. McTaggert (1866-1925) hat diese Schwierigkeit mit folgenden Worten sehr gut beschrieben:

> Der Hauptgrund, den man für die Zurückweisung von Relationen gegeben hat, ist der, daß sie nirgendwo sein können. Es ist klar, daß sie nicht in irgendeinem Terminus sind, ohne im anderen zu sein. Auch sind sie nicht in jedem einzelnen von ihnen getrennt. Man sagte, sie seien *zwischen* den Termini und nicht *in* ihnen. Dann wurde gefragt, ob es irgend etwas geben kann, in dem sie sein könnten? Und wenn diese Frage negativ beantwortet wurde, so wurde gefolgert, daß Relationen unmöglich sind (McTaggert 1921 I: 81)

Weil sie unmöglich sind, so mögen Philosophen weiterhin gefolgert haben, muß man zeigen, wie angebliche Sätze über Relationen tatsächlich

Aussagen über Eigenschaften sind. Hier ist eine Stelle aus Platons *Phaedon*, die auf diese Reduktion hinweist:

> Und so gestehst du doch, daß Simmias den Sokrates überragt, damit verhalte es sich nicht in der Tat so, wie es buchstäblich ausgedrückt wird. Denn es ist nicht des Simmias Natur, schon dadurch, daß er Simmias ist, zu überragen, sondern durch die Größe, die er zufällig hat; auch nicht den Sokrates zu überragen deshalb, weil Sokrates Sokrates ist, sondern nur, weil Sokrates Kleinheit hat in bezug auf jenes Größe. (Phaedon 102 b7-c4)

Und Leibniz behauptet auf dieselbe Weise:

> Ich glaube nicht, daß Sie ein Akzidenz [eine Eigenschaft in unserer Terminologie] zulassen werden, das in zwei Subjekten gleichzeitig ist. Deshalb behaupte ich in Hinsicht auf Relationen, daß die Vaterschaft in David die eine Sache ist und die Sohnschaft in Salomon eine andere, doch die gemeinsame Beziehung ist lediglich eine mentale Sache, von der die Modifikationen der Singulare die Grundlagen sind. (Leibniz 1960-1 II: 486, Rückübersetzung aus dem Englischen).

Nach diesem allgemeinen Ansatz in Bezug zu Relationen ist die Tatsache, daß Simmias größer ist als Sokrates, in Wirklichkeit die Tatsache, daß Simmias eine gewisse Eigenschaft hat und daß Sokrates eine gewisse Eigenschaft hat. Betrachten wir diese Auffassung etwas genauer (für die neuere Diskussion der platonischen Auffassung vgl. Castaneda 1972: 467-80).

Zunächst müssen wir unser Beispiel ausweiten. Zum Zweck der Diskussion nehmen wir an, daß Simmias größer als Sokrates ist, daß Sokrates größer als Platon ist und das Platon größer als Aristoteles ist. Wir wollen Größe, eine gewisse Eigenschaft, abkürzen durch T, Kleinheit durch S. Daß Simmias größer als Sokrates ist, ist dann angeblich die Tatsache

(1) Simmias ist T, und Sokrates ist S.

Die Tatsache, daß Sokrates größer als Platon ist, wird zu

(2) Sokrates ist T, und Platon ist S

Und wir haben die Tatsache

(3) Platon ist T, und Aristoteles ist S.

Doch jetzt wird klar, daß diese Weise die relationalen Tatsachen zu erklären, nicht möglich ist. Aus (3) folgt logisch, daß Platon T ist, und aus (1) folgt, daß Sokrates S ist. Also ist das Folgende der Fall:

(4) Platon ist T, und Sokrates ist S.

Und (4) behauptet nach unserer Analyse, daß Platon größer als Sokrates ist, und dies entgegen unserer Voraussetzung. Dieses Beispiel zeigt, daß wir nicht einfach Relationen durch die zwei Eigenschaften T und S beseitigen können in der Hoffnung, alle relationalen Aussagen durch nichtrelationale ersetzen zu können. Wenn diese Strategie überhaupt zum Erfolg führen soll, dann müssen wir viel mehr zwischen Größersein als einerseits und Größersein als Aristoteles andererseits unterscheiden. Dies bedeutet, daß wir zwischen zwölf ‚Basiselementen' unterscheiden müssen, d.h., zwischen zwölf Eigenschaften T_1 ... T_6; S_1 ... S_6. Die Tatsache, daß Simmias größer als Sokrates ist, ist dann die Tatsache:

(5) Simmias ist T_1, und Sokrates ist S_1.

Die Tatsache, daß Platon größer als Aristoteles ist, ist z.B. dann:

(6) Platon ist T_6, und Aristoteles ist S_6.

Soweit unser Beispiel reicht, hat Simmias die Eigenschaften T_1, T_2 und T_3; Sokrates hat die Eigenschaften S_1, T_4 und T_5; Platon hat die Eigenschaften S_2, S_4 und T_6; und Aristoteles hat die Eigenschaften S_3, S_5 und S_6. Nach dieser Art der Analyse wird eine Relation ‚zerlegt' in zwei Eigenschaften, und jede dieser Eigenschaften ist weiter unterschieden in Eigenschaften, entsprechend der Anzahl der verbundenen Dinge.

Es ist klar, daß diese Zerlegung der zwei Eigenschaften die Katastrophe unseres vorherigen Beispiels vermeidet. Wir können nicht mehr entgegen der Tatsache schließen, daß Platon größer als Sokrates ist. Was wir logisch folgern können, ist,

(7) Platon ist T_6, und Sokrates ist S_1,

doch behauptet (7) nicht, daß Platon größer als Sokrates ist.

Doch nun erscheint eine weitere Schwierigkeit. Wie bringen wir die vier Personen unserer Beispiele in eine Rangordnung entsprechend ihrer Größe? Natürlich wissen wir, daß Simmias der größte der vier ist und Aristoteles der kleinste. Doch wie folgt dies aus den Tatsachen, die solche Eigenschaften enthalten wie $T_1, T_2, ...; S_1, S_2, ...$? Man mag denken, daß die Tatsache, daß Simmias der größte der vier ist, aus der Tatsache folgt, daß er die meisten T-Eigenschaften hat, nämlich drei T_1, T_2 und T_3. Aristoteles andererseits hat die meisten S-Eigenschaften von den Vieren, nämlich drei S_3, S_5, und S_6. Wir könnten versucht sein zu schließen, daß wir die vier Personen in eine Rangordnung entsprechend ihrer Größe bringen können, ohne auf relationale Aussagen angewiesen zu sein. Doch dies ist nicht der Fall. Wir müssen nämlich realisieren, daß wir in unserer Rangordnung Gebrauch machen von solchen Tatsachen wie, daß drei *größer als* zwei ist, daß zwei *größer als* eins ist, etc. Daher nehmen wir an, daß eine Relation zwischen Zahlen besteht, die größer als Relation. In Wirklichkeit sind wir die größer als Relation zwischen Dingen losgeworden zugunsten der größer als Relation zwischen Zahlen. Es war aber unser Ziel, alle Relationen durch Eigenschaften zu ersetzen, nicht nur einige wenige. Weil dieser Zweck nicht in der dargestellten Weise erreicht werden kann, ist es nicht gelungen zu zeigen, daß es keine Relationen gibt.

Aber auch andere Dinge sind falsch bei dem Versuch, Relationen durch Eigenschaften zu ersetzen. Man wird bemerkt haben, daß die T's und S's tiefgestellte Zahlen haben, die zeigen, welches T mit welchem S zusammengehört. Zum Beispiel hat Simmias Größe in Bezug zu Sokrates, T_1, dieselbe tiefgestellte Zahl wie Sokrates Kleinheit in Beziehung zu Simmias: S_1. Und ähnliches gilt für die anderen angeblichen Eigenschaften. Doch dies bedeutet, daß in jedem einzelnen Fall ein gewisses T einem gewissen S zugeordnet ist. Gewisse T's und S's beziehen sich aufeinander. Und dies bedeutet, daß jedes einzelne T in einer bestimmte Weise *bezogen ist auf* genau ein S und umgekehrt. Unsere Analyse setzt daher voraus, daß es eine gewisse Relation der Koordination zwischen den jeweiligen

Eigenschaften gibt. Deshalb ist unser Versuch nicht gelungen, alle Relationen durch korrespondierende Eigenschaften zu ersetzen.

Überdies ist der vorgeschlagene Ersatz für die Tatsache, daß Simmias größer als Sokrates ist, eine Konjunktion: Simmias ist T_1 *und* Sokrates ist S_1. Es ist eine komplexe Tatsache, die aus zwei Tatsachen besteht, eine über Simmias und eine über Sokrates, die in der Konjunktions-*relation* zueinander stehen. Noch einmal: unser Versuch, die größer als Relation loszuwerden, hat lediglich deutlich gemacht, daß wir in diesem Prozeß auf andere Relationen angewiesen sind. Auch scheint es nicht möglich zu sein, solche Relationen zwischen Sachverhalten oder Tatsachen loszuwerden. Versuchen wir jedoch, relationale Tatsachen durch irgendwelche anderen Tatsachen zu ersetzen, die Eigenschaften von Paaren beinhalten, wird die nicht-relationale Tatsache zu einer komplexen Tatsache. Und wenn sie komplex ist, muß sie eine oder mehrere Relationen zwischen Tatsachen beinhalten.

Im Blick auf die Schlußfolgerung, daß Relationen so hartnäckig allen Versuchen der Zurückweisung widerstehen, stellt sich die Frage, warum es so viele Versuche gegeben hat, ihre Existenz zu leugnen. Ich glaube, daß der Grund zum Teil darin liegt, daß Relationen nicht so leicht in eine naturalistische Ideologie passen. Sie scheinen nicht in Raum und Zeit lokalisierbar zu sein. Nehmen wir das räumliche Beispiel der Billardkugeln und bedenken, daß B zwischen A und C ist. Wo genau ist die räumliche Relation ‚zwischen'? Wie wir zuvor wiederholt festgestellt haben, war die einzige halbwegs kohärente Antwort der Naturalisten, daß die Relation dort ist, ‚wo die Struktur ist, die aus den drei Objekten in Relation zueinander besteht'.

Es gibt ein sehr bekanntes Argument, das üblicherweise Bradley (1846-1924) zugesprochen wird, das den Anschein erweckt, daß die Annahme der Existenz von Relationen zu einem unendlichen Regreß führt (vgl. Bradley 1897: 27 ff.). Angenommen, wir haben die Relation R, die die beiden Dinge a und b verbindet. Nun muß R, um a und b zu verbinden, mit a und mit b verbunden sein. Dies jedoch bedeutet, daß es eine weitere Relation R* geben muß, die R mit a und mit b verbindet. Aber damit R mit a durch die Relation R* verbunden sein kann, muß R* mit R verbunden sein und mit a. Und dies bedeutet, daß es eine dritte Relation R** geben muß, die R* mit R und ebenso mit a verbindet und so weiter. Daher führt die Annahme, daß R existiert, zu der Schlußfolgerung, daß eine unendliche Anzahl weiterer Relationen R*, R**, R***, etc. ebenfalls existiert. Weil aber eine solche unendliche Reihe weiterer Relationen nicht existiert, muß die Annahme, daß R existiert, falsch sein. Daraus folgt, daß es Relationen nicht gibt.

Ich denke nicht, daß dieses Regreßargument gültig ist. Allenfalls zeigt es, daß die Existenz von R die Existenz unendlich vieler weiterer Relationen beinhaltet. Ein getrenntes Argument ist dann erforderlich, um zu zeigen, daß diese unendliche Folge von Relationen nicht existiert. Mir scheint jedoch, daß dieses Argument in einer anderen Weise fehlerhaft ist. Es beweist überhaupt nicht, daß eine unendliche Reihe weiterer Relationen bestehen muß. Um zu zeigen, daß es die Relation R* geben muß, müssen wir annehmen, daß R, um a und b zu verbinden, selbst mit a und b verbunden sein muß (durch R*). Ich denke, daß diese Annahme falsch ist. Es gehört zum Wesen der Relationen, daß sie nicht mit den Dingen verbunden sein müssen, die sie verbinden. Wenn a mit b verbunden ist durch die Relation R, ist R nicht selbst mit a und b verbunden. Von meinem Standpunkt aus ist Bradleys Argument in Wirklichkeit kein Argument gegen Relationen, sondern gegen die Annahme, daß Relationen mit dem verbunden sein müssen, was sie verbinden. Vielleicht kann ein Bild meine Auffassung verdeutlichen. Angenommen Sie haben eine Anzahl von Holzbrettern und einen Topf Leim. Die Bretter in diesem Bild entsprechen den nicht-relationalen Dingen; der Leim entspricht den Relationen. Um nun die beiden Bretter miteinander zu verbinden, benötigt man etwas Leim; zwei Bretter kleben nicht zusammen ohne Leim. Aber, und dies ist der entscheidende Punkt, man benötigt keinen Superleim, um zuerst den Leim mit den Brettern zu verbinden. Man muß nicht zuerst den Leim an die Bretter leimen, um die Bretter aneinander zu leimen.

Rufen wir uns in Erinnerung, was ich zuvor über den Versuch sagte, die vier griechischen Philosophen mit Hilfe der Anzahl von T's und S's nach ihrer Größe zu ordnen: der Versuch mißlang, weil wir die relationale Tatsache gebrauchten, zum Beispiel, die Zahl drei ist größer als die Zahl zwei. Die natürlichen Zahlen selbst sind geordnet nach der Größe durch die Relation größer als (oder durch die Relation kleiner als). Sie bilden die Reihe 1, 2, 3, 4, etc. Diese Anordnung ist möglich, weil die Relation größer als (zwischen natürlichen Zahlen) asymmetrisch ist. Eine Relation heißt asymmetrisch genau dann, wenn sie folgende Merkmale hat: sie besteht zwischen zwei Dingen a und b in dieser Ordnung; sie besteht nicht zwischen b und a in dieser Ordnung. Zum Beispiel: wenn n und m natürliche Zahlen sind und n größer als m ist, dann folgt, daß m nicht größer als n sein kann. Lassen Sie mich noch ein weiteres Beispiel einer asymmetrischen Beziehung geben: später als. Wenn ein Ereignis e später ist als ein Ereignis d, dann kann d nicht später als e sein. Und eine weitere asymmetrische Relation ist die, ein Vater zu sein von, wie man einfach sehen kann.

Es gibt auch symmetrische Relationen, d.h. Relationen, die, wenn sie zwischen zwei Dingen a und b bestehen, auch zwischen b und a bestehen. Der Ehegatte von jemandem zu sein, ist eine symmetrische Relation: wenn Mary die Ehegattin von Joseph ist, dann ist Joseph der Ehegatte von Mary. Eine andere symmetrische Relation ist die, gleichzeitig mit etwas zu existieren. Schließlich gibt es nicht-symmetrische Relationen. Aus der Tatsache, daß eine solche Relation zwischen a und b besteht, folgt nicht, daß sie auch zwischen b und a bestehen muß, und es folgt aber auch nicht, daß sie nicht zwischen b und a bestehen kann. Die Relation ist weder symmetrisch, noch asymmetrisch. Ein Beispiel für eine nicht-symmetrische Relation ist die Beziehung, der Bruder von jemandem zu sein. Wenn a der Bruder von b ist, dann folgt nicht, daß b der Bruder von a ist, denn b kann eine Frau sein. Es folgt aber auch nicht, daß b nicht der Bruder von a sein kann, denn b kann männlich sein.

Was ist der ontologische Ursprung dieser Funktion gewisser Relationen, Ordnung zu schaffen? Es ist die Tatsache, daß jede Relation eine *Richtung* hat. Relationen und nur Relationen habe dieses eigentümliche Merkmal; und dieses Merkmal allein ist ausreichend, Relationen von anderen Kategorien zu unterscheiden. Was ist diese sogenannte Richtung? Jede Relation erscheint mit unterschiedlichen (nicht-identischen) Stellen. Bedenken wir eine zweistellige Relation wie die Relation größer als zwischen natürlichen Zahlen. Diese Relation R hat zwei verschiedene Stellen, die wir dadurch kennzeichnen können, daß wir ‚R' mit zwei Zeichen versehen, wie @R#. Weil die Zeichen, die Stellen, verschieden sind, werden die Ergebnisse unterschiedlich ausfallen, wenn die Stellen mit unterschiedlichen Dingen gefüllt werden. Der Sachverhalt, daß aRb, ist verschieden von dem Sachverhalt, daß bRa. Dies sind zwei völlig verschiedene Sachverhalte. Weil wir wissen, daß R asymmetrisch ist, wissen wir jetzt auch, daß dann, wenn einer der beiden Sachverhalte besteht, der andere nicht besteht. Was betont werden muß, ist die Tatsache, daß *alle* Relationen zwei verschiedene Stellen haben, nicht nur die asymmetrischen. Bedenken wir die Relation, der Ehegatte von jemandem zu sein. Die Beziehung ist symmetrisch: wenn a der Ehegatte von b ist, dann ist b der

Ehegatte von a. Doch obwohl die Relation symmetrisch ist, ist die Tatsache, daß Tom der Ehegatte von Jane ist, nicht dieselbe Tatsache wie, daß Jane die Ehegattin von Tom ist. Dies sind zwei verschiedene Tatsachen, weil in der ersten Tatsache Tom die @-Stelle besetzt, während in der zweiten Tatsache Jane für dieses Zeichen steht. Nehmen wir im Unterschied dazu die Identitätsrelation. Diese Relation ist symmetrisch: immer wenn ein Ding mit einem Ding identisch ist, ist das letztere mit dem ersteren identisch (ich glaube, man wird eine gewisse Ungeschicktheit in dieser Formulierung bemerkt haben, eine Ungeschicklichkeit, zu der man auf Grund der Natur der Relation genötigt wird). Auch Identität hat zwei verschiedene Stellen, @=#. In diesem Fall jedoch gilt, wenn a=b eine Tatsache ist (wahr ist), dann ist b=a dieselbe Tatsache wie a=b, denn a ist dasselbe Ding wie b.

Ontologisch gesagt: was Ordnung in die Welt bringt, ist eine Kombination aus zwei Tatsachen. Erstens, es gibt Relationen, und diese haben unterschiedliche Stellen. Zweitens, einige dieser Relationen sind asymmetrisch, d.h., sie sind so, daß wenn aRb eine Tatsache ist, dann ist der davon verschiedene Sachverhalt bRa keine Tatsache.

Mengen

Weil Mengen eine Basiskategorie bilden, ist es natürlich unmöglich, Mengen mit Hilfe anderer, fundamentalerer Dinge zu beschreiben. Aber irgendwie müssen wir eine Beschreibung geben, denn Mengen wurden häufig mit Strukturen verwechselt. Auch gibt es solche, die von Mengen nicht immer völlig klar reden. Cantor (1845-1918), der mehr als irgendein anderer die Aufmerksamkeit der Mathematiker auf die Natur der Mengen lenkte, gab die folgende Beschreibung: „Eine Menge ist eine Kollektion in einem Ganzen bestimmter, wohl unterschiedener Gegenstände unserer Vorstellung oder unseren Denkens" (Cantor 1932: 282, Rückübersetzung der engl. Übersetzung von R.G.). Eine Menge ist, soviel ist klar, irgendeine Art von Ganzheit. Es ist aber nicht, wie wir bemerkten, eine Struktur oder eine Tatsache. Die Menge ist von der Struktur durch die Tatsache unterschieden, daß Strukturen Dinge in Relationen sind, während Mengen lediglich aus Dingen bestehen (unter denen auch Relationen vorkommen können). Eine Menge ist eine Ansammlung von Dingen, unabhängig von den Relationen, die tatsächlich zwischen ihnen bestehen mögen. Zum

Beispiel bilden die natürlichen Zahlen von eins bis zehn eine Menge, aber die Reihe der natürlichen Zahlen, angeordnet in der Form von ein bis zehn, bilden eine Struktur.

Cantor spricht von einer Kollektion innerhalb eines Ganzen und mag zu dem Mißverständnis führen, daß Mengen hinsichtlich ihrer Existenz irgendwie abhängig sind von irgendeiner verbindenden Tätigkeit des Geistes. Nach dieser falschen Annahme, die jedoch unter Philosophen sehr weit verbreitet ist, sind Mengen mentale Kreationen. Eine Menge, bestehend aus dem Tisch vor mir, dem ältesten lebenden Kaninchen Australiens und einem Haar von Napoleons Kopf, ist eine vollkommene Menge aus drei Dingen. Einige Philosophen dachten, daß es etwas Gemeinsames zwischen den Mitgliedern der Menge geben muß, damit eine Menge gebildet werden kann, und weil sie nicht ein gemeinsames Merkmal finden konnten, schlossen sie, daß das Zusammendenken in einem Gedanken die einigende Kraft ist. Was ‚eine Menge macht' aus den verschiedenen Dingen, behaupteten sie, ist der mentale Akt, durch den sie zusammengedacht werden. Und dann folgerten sie, daß dasselbe für alle Mengen gilt: jede Menge ist ein Ganzes, eine Einheit, durch die Tatsache, daß die Mitglieder zusammengedacht werden. Diese Auffassung ist ein Mißverständnis. Die drei genannten Dinge bilden eine Gruppe, eine Menge, ob sie nun jemand denkt oder nicht. Weil jedes einzelne der drei Dinge existiert (zu einer bestimmten Zeit), existiert die Gruppe. Um es genauer zu sagen: es gibt viele Mengen von Dingen, die noch niemand zusammengedacht hat.

Der mißverständliche Begriff, daß Mengen in ihrer Existenz vom Geist abhängig sind, wurde durch Cantors Bezugnahme auf „unsere Vorstellung oder unser Denken" gefördert. Doch wie ich gerade versuchte zu betonen, die Mitglieder einer Menge müssen nicht gedacht werden, um Mitglieder einer Menge zu sein. Es gibt Millionen von Dingen, die Mengen bilden, die niemand jemals gedacht hat oder denken wird. Ich glaube, daß Cantor von Gegenständen unserer Vorstellung und unseres Denkens spricht, um deutlich zu machen, daß *jedes Ding* ein Mitglied einer Menge sein kann. Mitglieder von Mengen sind nicht begrenzt auf bestimmte Arten von Dingen oder auf eine bestimmte Kategorie von Dingen. Es gibt Mengen individueller Dinge wie die Menge der zuvor erwähnten drei Dinge. Aber es gibt ebenso Mengen von Zahlen und Mengen von Eigenschaften, Relationen und so weiter. Was es auch geben mag, es ist Mitglied einer Menge. Wenn es existiert, ist es Mitglied einer Menge.

So weit habe ich versucht zu zeigen, daß Mengen keine Erfindung unseres Geistes sind, daß sie existentiell nicht von einer „verbindenden Tätigkeit" des Geistes abhängen. Als nächstes müssen wir uns einer zweiten falschen Annahme zuwenden. Mengen sind auf philosophische Skepsis gestoßen, weil sie sich nicht wie räumliche Strukturen verhalten. Grob gesprochen denkt man von Ganzheiten im allgemeinen in Analogie zu räumlichen Ganzheiten und, weil Mengen sich nicht wie räumliche Ganzheiten verhalten, schließt man, daß es überhaupt keine Ganzheiten geben kann. Und von dort aus schließt man dann weiter, daß es auch keine Mengen geben kann.

Betrachten wir eine Menge von zwei Dingen P: {a, b}. Als nächstes betrachten wir die Menge Q, deren einziges Mitglied die Menge P ist, so daß Q: {{a, b}}. Wir können einfach feststellen, daß P nicht dieselbe Sache ist wie Q. Wir können einfach überprüfen, daß jede Menge S nicht dieselbe Menge ist wie die Menge, deren einziges Mitglied sie ist (vgl. z.B. Freges Argument in Frege 1960: 96). Wenn P identisch mit Q wäre, dann wären die Mitglieder von P, nämlich a und b, auch Mitglieder von Q. Doch dies würde bedeuten, daß a identisch wäre mit dem einen Mitglied von Q, nämlich P, und ebenso, daß b identisch wäre mit dem einen Mitglied. Und daraus würde, entgegen unserer Voraussetzung, daß a und b zwei verschiedene Dinge wären, folgen, daß sie identisch wären. Daher muß die Annahme, daß P dieselbe Sache ist wie Q, zurückgewiesen werden.

Doch vergleichen wir diesen Fall mit einem räumlichen Beispiel. Angenommen, eine gewisse räumliche Ganzheit bestehe aus zwei Quadraten a und b. Als nächstes denke man die Ganzheit als bestehend aus P und bezeichne sie als Q. Bei diesem Fall ist klar, daß P genau dieselbe räumliche Struktur ist wie Q und daß P räumlich aus denselben Dingen besteht wie Q. P besteht aus a und b, und dasselbe gibt für Q. Was dieser Vergleich verdeutlicht, ist, daß die Mitgliedsrelation von Mengen sich völlig anders verhält als die Relation, ein räumlicher Teil zu sein. Die Mitgliedsrelation hat Merkmale, die vollkommen verschieden sind von der räumlichen Teil-Ganzes Relation, und wir dürfen diese beiden unterschiedlichen Relationen nicht durcheinanderwerfen.

Vielleicht hilft ein anderes Beispiel, dies deutlicher zu machen. Denken wir an das Quadrat und an acht Reihen von Quadraten auf einem Schachbrett. Die 64 Quadrate bilden das Schachbrett; dasselbe gilt von den acht Quadratreihen. Quadrate und Reihen von Quadraten sind räumliche Teile ein und desselben Dinges, nämlich des Schachbretts. Doch ist die

Menge P, deren Mitglieder die Quadrate sind, nicht dasselbe Ding, wie die Menge Q, deren Mitglieder Quadratreihen sind: die ersteren bestehen aus Quadraten, die letzteren aus Reihen von Quadraten, und Quadrate sind nicht dasselbe wie Quadratreihen. Wenn wir weiterhin mit diesen zwei *verschiedenen* Mengen beginnen und ihre Mitglieder betrachten, finden wir heraus, daß beide Mengen letztendlich aus genau denselben Konstituenten bestehen, nämlich aus 64 Quadraten. Dies ist bei der Menge P offensichtlich. Aber auch die Menge Q, die aus acht Reihen besteht, ‚besteht' letztlich aus 64 Quadraten, denn jede der acht Reihen besteht aus acht Quadraten. Hier haben wir den seltsamen Fall, daß wir mit unterschiedlichen Dingen beginnen, den zwei Mengen, und schließlich genau dieselben Konstituenten erreichen. Doch dies verletzt das folgende Prinzip:

> Wenn wir in einer nominalistischen Welt von zwei verschiedenen Entitäten ausgehen und jede von ihnen, soweit wie man mag, zerlegt (wodurch man Teile und Teile von Teilen bekommt usw.), gelangen wir immer zu einer Entität, die in der einen, aber nicht in der anderen der ursprünglichen Entitäten enthalten ist (Goodman 1956: 19).

Wenn man annimmt, daß dieses Prinzip wahr ist, wenn man es als ein fundamentales Prinzip der Ontologie nimmt, wie wir sagen würden, dann muß man schließen, daß es keine Mengen gibt. Unserer Auffassung nach liegt hier eine unberechtigte Generalisierung vor. Das Prinzip besteht in der Tat für *räumliche* Teile, doch es gilt nicht für die eigentümliche Teil – Ganzes Beziehung, zu der die Mitgliedsrelation gehört. Es ist eine ontologische Tatsache, mit der man rechnen muß, daß es mehrere sehr verschiedene ‚Teil – Ganzes Beziehungen' gibt. Im besonderen verhält sich die räumliche Teil – Ganzes Beziehung völlig verschieden von der Mitgliedsrelation hinsichtlich Goodmans Prinzip (damit Sie nicht ganz konfus werden, sollte ich hinzufügen, daß Goodmans Begriff des Nominalismus in höchstem Maße eigenartig ist!).

Mengen sind keine Schöpfungen des Geistes. Mengen sind nicht Strukturen. Im besonderen sind sie keine räumlichen Strukturen. Und schließlich werden sie nicht durch Eigenschaften konstituiert. Mit diesen Tatsachen hängt eine der faszinierendsten Episoden der Geschichte eines Gebietes zusammen, wo sich Logik, Mathematik und Ontologie treffen.

Nach einer bestimmten Tradition in der Logik, die in das 17. Jahrhundert zurückreicht, hat ein genereller Begriff wie ‚Dreieck' sowohl eine

Bedeutung als auch eine Extension. Die Bedeutung eines generellen Ausdrucks besteht aus all den Eigenschaften, die er beinhaltet. So schließt z.B. die Bedeutung von ‚Dreieck' solche Eigenschaften ein wie, drei Seiten zu haben, drei Winkel zu haben, eine Form zu haben, ausgedehnt zu sein etc., weil jedes Dreieck drei Seiten hat, drei Winkel hat usw. Andererseits ist die Extension des Wortes ‚Dreieck' die Menge aller Dinge, die die Eigenschaft haben, ein Dreieck zu sein. In unserem Fall besteht die Extension auf allen Dreiecken (die existiert haben, existieren und existieren werden). In späteren Jahren wurde der Begriff der Bedeutung durch den der Intension ersetzt. Die Intension eines allgemeinen Ausdrucks ist schlicht die Eigenschaft, die er repräsentiert. Das Wort ‚Dreieck' hat als seine Intension die Eigenschaft, ein Dreieck zu sein.; seine Extension ist die Menge aller Dreiecke. Nach dieser Modifikation der Tradition entspricht jedem allgemeinen Ausdruck eine gewisse Eigenschaft und die Menge aller Dinge, die diese Eigenschaft haben. *Diese Menge, dies möchte ich hier deutlich betonen, wird durch die Eigenschaft bestimmt*. Es gäbe keine solche Menge, keine Extension, wenn es keine Eigenschaft gäbe, denn die Menge besteht aus, wird beschrieben durch die Dinge, welche diese Eigenschaft haben.

Die Abhängigkeit der Existenz von Mengen von der Existenz korrespondierender Eigenschaften war eine der stärksten Annahmen Gottlob Freges (1848-1925), des Vaters der modernen Logik:

> In behaupte in der Tat, daß der Begriff [Eigenschaft] logisch früher ist als seine Extension; und ich betrachte den Versuch als sinnlos, die Extension eines Begriffs als eine Klasse [Menge] zu nehmen und nicht auf den Begriff, sondern auf das einzelne Ding zu gründen (1960: 106, Rückübersetzung aus der englischen Übersetzung).

Frege verwandelt seine ontologische Überzeugung in ein Axiom seines logischen Systems. Dieses Axiom sagt letztendlich:

> (F) Für jedes Ding x: Der Sachverhalt, daß x F ist, ist identisch mit dem Sachverhalt, daß x G ist, *genau dann*, wenn die Menge der Dinge, die F sind, dieselbe ist wie die Menge der Dinge, die G sind.

Ich möchte dasselbe in anderen Worten zu sagen versuchen:

(G) Wenn es der Fall ist, daß dann, wenn etwas die Eigenschaft F hat, es auch die Eigenschaft G hat und umgekehrt, daß es G hat, wenn es F hat, dann ist die Menge der Dinge, die die Eigenschaft F haben, dieselbe wie die Menge der Dinge, die die Eigenschaft G haben,
und umgekehrt, wenn die Menge der Dinge dieselbe ist, dann ist es der Fall, daß wenn etwas die Eigenschaft F hat, es auch die Eigenschaft G hat und umgekehrt.

Ich teilte das Axiom in zwei Hälften, denn die erste Hälfte ist für unsere Zwecke von Interesse.

Im Jahre 1902 schrieb Bertrand Russell an Frege und erzählte ihm das folgende Paradox. Stellen wir uns alle Mengen vor, die nicht Mitglieder ihrer selbst sind, d.h., nehmen wir alle solche Mengen an, die die Eigenschaft besitzen, nicht Mitglieder ihrer selbst zu sein. Sagen wir, daß diese Mengen, der Kürze halber, alle das Merkmal f haben. Gibt es eine Menge, die aus den Mengen mit dem Merkmal f besteht? Gibt es eine Menge solcher Mengen? Nach Freges Überzeugung gibt es eine solche Menge. Russell stellt in seinem Brief jedoch heraus, daß die Annahme einer solchen Menge zu einer Kontradiktion führt und deshalb falsch sein muß. Hier ist der Grund, wie es zur Kontradiktion kommt. Angenommen, S ist die fragliche Menge. Ist S ein Mitglied seiner selbst? Wenn wir annehmen, daß sie es ist, dann können wir zeigen, daß sie es nicht ist, und umgekehrt. Wenn S daher ein Mitglied seiner selbst ist, dann ist sie dies nicht, und wenn S nicht ein Mitglied ihrer selbst ist, dann ist sie es. Dies ist eine Kontradiktion. Angenommen S ist ein Mitglied seiner selbst, dann hat sie das Merkmal f. Doch dies bedeutet, daß sie nicht Mitglied ihrer selbst ist. Nimmt man andererseits an, daß sie nicht Mitglied ihrer selbst ist, dann hat sie nicht das Merkmal f. Und dies bedeutet, daß sie eine der Mengen ist, die Mitglied von S sind, d.h., sie ist ein Mitglied von S.

Frege sah keine einfache Lösung des Problems, das durch Russell in Bezug auf das Axiom entstanden war. Dasselbe galt auch für andere Philosophen und Logiker. Mir scheint, daß dieses Paradox zeigt, daß es Eigenschaften gibt, wie die ‚Eigenschaft', nicht ein Mitglied seiner selbst zu sein, der keine Menge entspricht. Die Überzeugung, die Frege für sicher hielt und die von den meisten Zeitgenossen geteilt wurde, daß jede Eigenschaft eine Menge bestimmt, ist einfach falsch. Hier haben wir einen Fall, wo etwas, das offensichtlich erscheint – man sagt gewöhnlich:

‚selbstevident' – sich als falsch erweist. Es gibt die Eigenschaft rund, und es gibt die entsprechende Menge runder Dinge; es gibt die Eigenschaft Pferd, und es gibt die Menge aller Pferde und so weiter und so fort. Ist es dann aber nicht offensichtlich, daß es für jede Eigenschaft F die entsprechende Menge gibt? Es mag offensichtlich sein, und dennoch ist es falsch. Es gibt Eigenschaften, die keine Menge bestimmen.

Vielleicht ist ein noch überzeugenderes Beispiel die Eigenschaft, eine Menge zu sein. Es gibt eine solche Eigenschaft; das wissen wir sicher. Wenn es diese Eigenschaft nicht gäbe, dann gäbe es keine Mengen. Aber es gibt keine Menge aller Mengen. Es gibt keine Menge, die durch die Eigenschaft bestimmt ist, eine Menge zu sein. Es gibt eine bekannte Wahrheit – Cantors Theorem – nach der eine sogenannte power-Menge einer gegebenen Menge S mehr Mitglieder hat als S. Mit der power-Menge S meinen wir die Menge, die als ihre Mitglieder alle Mengen hat, die aus den Mitgliedern von S gebildet werden können (wir schließen die Menge S selbst ein und die sogenannte leere Menge). Bedenken wir z.B. die Menge S, die aus den drei Zahlen eins, zwei und drei besteht: {1, 2, 3}. Deren power-Menge ist: {S, {1,2}, {1, 3}, {2, 3}, {1}, {2}, {3}, leere Menge}. Wenn es nun die Menge aller Mengen gäbe, hätte sie die power-Menge als Mitglied, weil sie die Menge aller Mengen ist. Doch nach Cantors Theorem bedeutet dies, daß sie weniger Mitglieder hätte als eine ihrer Untermengen. Daher führt die Annahme der Existenz von S zu einer Kontradiktion. Wir müssen schließen, daß obgleich es die Eigenschaft gibt, eine Menge zu sein, es kein solches Ding gibt, wie die Menge aller Mengen (oder wir müßten Cantors Theorem zurückweisen).

Die letzte Lektion ist diese: im Gegensatz zu einer langen Tradition und zu Freges Überzeugung, werden Mengen in ihrem Sein nicht durch korrespondierende Eigenschaften konstituiert. Auch muß es nicht eine Eigenschaft für jede Menge geben. Vielmehr werden Mengen in ihrem Sein durch ihre Mitglieder gebildet. Es gibt Eigenschaften, wie wir soeben sahen, denen keine Menge entspricht. Und es gibt Mengen wie die früher erwähnten, die ein Haar von Napoleons Kopf einschließen, denen keine (offensichtliche) Eigenschaft entspricht. Das Band zwischen Eigenschaften und Mengen muß gelockert werden. Mengen und Eigenschaften sind nicht so sehr voneinander abhängig, wie man annahm. Sehr häufig gibt es eine Menge für eine Eigenschaft, und sehr oft gibt es eine Eigenschaft für eine gegebene Menge. Doch es gibt auch Eigenschaften ohne Mengen und Mengen ohne Eigenschaften.

Zahlen

Welche Art von Ding ist eine Zahl? Zu welcher Art von Dingen gehört z.B. die Zahl drei? Es ist offensichtlich, daß die traditionellen platonischen oder aristotelischen Ontologien eine kleine Wahl bieten. Nach platonischer Tradition kann die Zahl drei nur ein individuelles Ding oder die Eigenschaft eines solchen Dinges sein. Doch spricht alles dagegen, daß die Zahl ein individuelles Ding ist. Wenn sie ein Individuum wäre, dann müßte sie in Raum und Zeit existieren. Doch wo ist die Zahl drei? Und für wie lange existiert sie? Es wäre offensichtlich absurd, eine Suchparty für die Zahl drei zu veranstalten und sie irgendwo in Europa oder Afrika zu suchen. Ebenso wenig Sinn scheint es zu machen, die Lebenszeit der Zahl zu erforschen. Kurz und gut, es scheint klar genug zu sein, daß Zahlen nicht individuelle Dinge sind, die irgendwo raumzeitlich lokalisiert sind. Dies bedeutet, daß sie Eigenschaften individueller Dinge sein müssen. Doch, erneut, wovon ist die Zahl drei eine Eigenschaft? Nehmen wir an, daß drei Stifte vor mir auf dem Tisch liegen. Nun, die Zahl drei ist nicht die Eigenschaft von *einem* der drei Stifte, denn jeder Stift ist ein Stift und nicht drei. Auch ist sie nicht eine Eigenschaft der räumlichen Struktur, die durch die Anordnung der Stifte auf meinem Tisch gebildet wird, denn auch diese Struktur ist *eine* Struktur und nicht drei. Daher scheint es kein Individuum zu geben, von dem die Zahl drei eine mögliche Eigenschaft ist. Ein Augenblick der Reflexion zeigt, daß die aristotelische Ontologie es nicht besser kann. Die Zahl drei kann weder eine Substanz, noch das Akzidenz einer Substanz sein. Es gibt eine berühmte Erklärung von Euklid, was Zahlen sind: „Etwas ist eine Einheit auf Grund dessen, daß jedes existierende Ding als eines bezeichnet wird. Eine Zahl ist eine Vielzahl, die aus Einheiten zusammengesetzt ist" (Buch IV der *Elemente*). Eine Zahl ist eine *Vielzahl* von Einheiten. Doch was ist eine Vielzahl? Ich weiß wirklich nicht, was Euklid genau mit ‚Vielzahl' meint. Doch nehmen wir an, er meint eine Menge. Zahlen sind dann, mit Ausnahme der Zahl eins, Mengen von Einheiten. Nehmen wir weiterhin an, daß die Einheit die Zahl eins ist. Dann folgt, daß Zahlen Mengen von Einsen sind. Doch dies kann nicht eine richtige Auffassung sein. Die Zahl drei wäre dann zum Beispiel die Menge: {1, 1, 1}. Doch ist die Menge dasselbe wie {1}. Die Zahl vier wäre die Menge {1, 1, 1, 1}, und diese Menge ist ebenso die Menge {1}.

Als Ergebnis würden alle verschiedenen Zahlen zusammenfallen in dieselbe Menge, nämlich die Menge {1}. Das Problem dieses Begriffs der Zahl ist, daß eine Menge nicht mehr als einmal dasselbe Mitglied enthalten kann. Dies folgt aus dem Begriff der Menge. Wenn wir aber annehmen, daß die Zahl drei die Menge ist, die aus drei *verschiedenen* Einheiten besteht {a, b, c}, dann können diese Einheiten nicht alle die Zahl eins sein, denn es gibt nur eine Zahl eins und nicht drei, oder fünfhundert. So spricht die Tatsache, daß es keine ‚Einsen', Fünfen usw. gibt, erneut gegen die Möglichkeit, daß Zahlen Eigenschaften sind. Im Fall der Eigenschaften gibt es tatsächlich plurale Tiger, Tulpen und Zähne.

Die Plausibilität der euklidischen Erklärung stammt aus der unbestreitbaren Tatsache, daß jede natürliche Zahl (mit Ausnahme der ersten) die Summe aller ihrer Vorgänger und der Zahl eins ist: zwei ist die Summe aus eins und eins, drei ist die Summe aus zwei und eins, vier ist die Summe aus drei und eins und so weiter. Doch dies meint natürlich, daß drei die Summe aus eins und eins und eins ist, und daß Vier die Summe aus eins und eins und eins und eins ist usw. Doch unser Argument zeigt, daß wir die Summenrelation nicht als eine Art der Teil-Ganzes Relation denken dürfen, z.B. als Mitgliedsrelation. zwei ist Summe aus eins und eins, doch besteht die Zahl zwei nicht aus zwei Einsen in der Weise, wie eine Menge aus ihren Mitgliedern besteht.

Eine Analogie mag etwas mehr Licht auf diesen Punkt werfen. Bedenken wir die Relation, das einzige Kind der Eltern zu sein. Nehmen wir an, Tom sei das einzige Kind von John und Mary. Wir nehmen mit anderen Worten an, daß Tom in dieser Relation zu diesen beiden Personen steht. Die Summenrelation, wie diese Relation, ist eine Relation zwischen drei Dingen, drei Zahlen. Doch genauso wie die Familienrelation ist es keine Teil-Ganzes Relation. Tom steht in der Tat in dieser Relation zu zwei Personen, doch er *besteht* nicht aus ihnen. Jede Zahl steht in der Summenrelation zu ihren Vorgängern und der Zahl eins; und dies gilt natürlich für alle Vorgänger ebenso: jeder einzelne steht in der Summenrelation zu seinen Vorgängern und der Zahl eins. Was wir begreifen müssen ist deshalb, daß die Summenrelation (ebenso wie die anderen Relationen zwischen natürlichen Zahlen) eher wie die Familienrelation ist und nicht eine Teil-Ganzes Relation wie die Mitgliedschaftsrelation.

Unsere Überlegungen sprechen auch gegen die Auffassung, daß Zahlen Strukturen sind, die aus anderen Zahlen bestehen, die in arithmetischen Relationen zueinander stehen. Die Zahl drei kann z.B. nicht eine aus drei Einsen bestehende Struktur sein, die in Summenrelationen zueinander stehen, denn, wenn wir Recht haben, besteht die Zahl drei nicht aus anderen Zahlen, so wie Strukturen aus ihren Teilen bestehen. Die angeblich aus drei Einsen in einer Summenrelation bestehende Struktur ist zudem nicht identisch mit der Struktur, in der angeblich die Zahl zwei und die Zahl eins in einer Summenrelation zueinander stehen, denn die letztere enthält die Zahl, während dies nicht für die erste zutrifft. Außerdem ist es offensichtlich wahr, daß eins plus eins plus eins dieselbe Zahl ist wie zwei plus eins, nämlich die Zahl drei. Wenn wir schließlich für einen Moment annehmen, daß Zahlen Mengen von Strukturen aus Einsen sind, dann bleibt die Frage, welcher Art Ding die Zahl eins ist. Doch diese Frage hat eine offensichtliche Antwort: die Zahl eins ist eine Eigenschaft, die jede Entität besitzt. Wenn deshalb gegen die Auffassungen, daß Zahlen Mengen oder Strukturen sind, ansonsten nichts einzuwenden wäre, so gibt es eine Antwort auf die Frage, was die Zahl eins ist.

Zahlen sind keine individuellen Dinge, weil sie nicht in Raum und Zeit lokalisierbar sind. Sie sind nicht Eigenschaften individueller Dinge, weil es keine individuellen Dinge gibt, von denen sie Eigenschaften sein könnten. Und Zahlen sind auch keine Mengen oder Strukturen von Einheiten aus den Gründen, die soeben angeführt wurden. Welche anderen Möglichkeiten gibt es?

Welche anderen Kategorien gibt es? (i) Zahlen sind keine *individuellen Dinge*; (ii) Zahlen sind nicht *Eigenschaften individueller Dinge*; (iii) Zahlen sind nicht *Mengen von Einheiten*; (iv) Zahlen sind nicht *Strukturen von Einheiten*. Ich füge hinzu, daß (v) Zahlen keine *Tatsachen* sind. Die Zahl drei z.B. ist keine Tatsache. Natürlich ist es eine Tatsache, daß es eine derartige Zahl gibt. Es ist eine Tatsache, daß die Zahl drei existiert, doch es ist keine Tatsache, daß die Zahl drei. Damit bleibt nur eine einzige Möglichkeit übrig, soweit dies unsere (vorläufige) Liste der Kategorien betrifft: Zahlen könnten Relationen sein. Doch bevor wir diese Möglichkeit bedenken, sollten wir einen Blick auf die zwei populärsten Auffassungen unseres Jahrhunderts bezüglich der Natur der Zahlen werfen.

Erinnern wir uns an die drei gelben Stifte auf meinem Tisch und unseren Versuch, die Zahl drei diesen individuellen Dingen in dieser Situation zuzusprechen. Ich sagte, daß die Zahl nicht eine Eigenschaft von jedem Stift sein kann, denn jeder Stift ist ein Stift und nicht drei. Auch können wir die Zahl nicht der räumlichen Anordnung, dem Muster zusprechen, das aus den drei Stiften besteht, denn dieses Muster ist ebenfalls ein Muster und nicht drei. Doch was geschieht, wenn wir die Zahl drei nicht den individuellen Dingen in dieser Situation zusprechen, sondern der Menge der drei Stifte? Nach dieser Möglichkeit ist die Zahl drei eine Eigenschaft, die alle und nur solche Mengen teilen, die aus drei Dingen bestehen, d.h., die drei Mitglieder haben. Die Zahl drei ist dann eine Eigenschaft nicht nur der Menge von Stiften, sondern ebenso der Heiligsten Dreifaltigkeit (verstanden als eine Menge) und der Menge, die aus den drei Zahlen fünf, acht und zwölf besteht. Es gibt eine sehr große Zahl von Mengen mit drei Mitgliedern in dieser Welt, Mengen, die aus allen Arten von Dingen bestehen, und alle diese Mengen teilen die gleiche Eigenschaft, nämlich die Zahl drei. Ähnlich gibt es auch viele Mengen mit zwölf Mitgliedern, die die Eigenschaft Zwölf teilen. Und so weiter. Kurz gesagt, Zahlen werden als Eigenschaften von Mengen von Dingen (jeglicher Art und Kategorie) gefaßt. Obgleich ich zugebe, daß diese Auffassung ganz besonders plausibel ist, glaube ich ebenso, daß sie falsch ist. Bedenken wir die Menge gelber Stifte. Ist diese Menge dreier Stifte drei? Hat dieses Ding die Eigenschaft drei? Ich glaube nicht. Etwas anderes ist einfach wahr, nämlich daß diese Menge die ‚Eigenschaft' hat, *drei Mitglieder zu haben*. Es ist eine Dreimitglieder-Menge. Was allen Tripeln gemeinsam ist, d.h. allen Mengen mit drei Mitgliedern, ist nicht die Eigenschaft drei, sondern vielmehr die ‚Eigenschaft' drei Mitglieder zu haben, und wir dürfen nicht die Zahl drei mit der Eigenschaft, drei Mitglieder zu haben, durcheinanderwerfen. Die Zahl drei ist lediglich ein ‚Teil' dieser Eigenschaft, ein Bestandteil davon, doch ist sie nicht dasselbe wie die Eigenschaft, drei Mitglieder zu haben. Drei Mitglieder zu haben ist so wenig dasselbe wie die Zahl drei, wie die Eigenschaft dreibeinig zu sein mit der Zahl drei identisch ist. Es gibt viele Dinge, die drei Beine haben, ebenso wie es viele Dinge (Mengen) gibt, die drei Dinge haben. Alle Dinge der ersten Art teilen die Eigenschaft, dreibeinig zu sein, ebenso wie alle Mitglieder der letzteren Art die Eigenschaft teilen, drei Mitglieder zu haben. Doch ebenso wie offensichtlich die Eigenschaft dreibeinig zu sein nicht die Zahl drei ist, so wenig ist die Eigenschaft, drei Mitglieder zu haben, identisch mit der Zahl drei.

Eine andere populäre Auffassung wurde von Russell vorgeschlagen. Er behauptet, daß Zahlen Mengen von Mengen sind (vgl. Russell 1956a). Die Zahl drei wird nicht als eine Menge verstanden, die aus Einheiten besteht, sondern als eine Menge, die aus all den Mengen besteht, die genau drei Mitglieder enthält. Es ist die Menge aller Tripel. Doch auch diese

Auffassung scheint mit nicht zu stimmen. Ich denke, daß es offensichtlich ist, daß Zahlen keine Mengen sind, weil Zahlen viele Merkmale besitzen, die Mengen nicht haben und umgekehrt. Zahlen stehen beispielsweise in gewissen charakteristischen arithmetischen Relationen zu einander, während dies bei Mengen nicht zutrifft. Die Zahl drei ist die Summe aus zwei und eins, doch die Menge aller Tripel steht nicht in der Summenrelation zu anderen. Natürlich besteht die Menge aus gewissen Mengen, z.B. aus der Menge, die aus dem Mond, einem Haar von Napoleons Kopf und der Farbe mitternachtsblau besteht, doch sie ist nicht die Summe dieser Dinge. Während umgekehrt die Menge aller Tripel Mitglieder hat, während also gewisse Mengen in der Mitgliedsrelation zu ihr stehen, hat die Zahl drei keine Mitglieder. Kurz gesagt, Zahlen und Mengen stehen in vollkommen verschiedenen Relationen zu anderen Dingen: die ersteren sind durch arithmetische Relationen charakterisiert, die letzteren durch mengentheoretische Relationen.

Es muß jedoch betont werden, daß es gewisse Ähnlichkeiten zwischen diesen beiden Arten von Relationen gibt. Wir bemerken diese Ähnlichkeit, wenn wir auf die Tatsache achten, daß eine gewisser Teil der Arithmetik und ein gewisser Teil der Mengentheorie beide zur Boolschen Algebra gehören. Es gibt eine strukturelle Ähnlichkeit zwischen (Teilen der) Arithmetik und (Teilen der) Mengenlehre. Doch darf diese Ähnlichkeit nicht mit einer Identität verwechselt werden. Zwei gleichförmige Strukturen müssen nicht miteinander identisch sein, wie wir bereits früher bemerkten. Die Tatsache, daß Arithmetik und Mengenlehre strukturell ähnlich sind, darf uns nicht blind machen für die Tatsache, daß sie ebenso voneinander verschieden sind. Wir können nicht mehr Mengen addieren, als wir essen können, und wir können nicht mehr Einheiten aus zwei Zahlen bilden, als wir in einer Hochzeit verbinden. Natürlich können wir die Zahlen der Mitglieder zweier Mengen addieren, doch ist dies nicht dasselbe, als wenn man zwei Mengen addiert. Und wir können die Einheit zweier Mengen bilden, die gewisse Zahlen als Mitglieder haben, doch dies ist nicht dasselbe, wie wenn wir die Einheit zweier Zahlen bilden.

Zahlen sind nicht Eigenschaften von Mengen. Ebenso sind sie keine Mengen von Mengen. Doch vielleicht sind sie Relationen. Die Idee scheint allerdings nicht sehr vielversprechend zu sein. Relationen haben Relata, Zahlen nicht. Deshalb mag man übereilt schlußfolgern, daß Zahlen nicht wirklich Relationen sein können. Ich halte dieses Argument für sehr entscheidend. Ich kann nicht anders als rhetorisch fragen, was denn der

Begriff der Zahl drei ist? Und weil ich keine vernünftige Antwort auf diese Frage habe, schließe ich, daß Zahlen keine Begriffe haben. Doch möchte ich die Sache mit dieser Folgerung nicht auf sich beruhen lassen, weil es in jüngerer Zeit einige Versuche gegeben hat, die Auffassung zu entwickeln, daß Zahlen Relationen sind, und diese Versuche haben für uns ein besonderes Interesse, weil sie durch eine naturalistische Ideologie motiviert werden.

Erinnern wir uns an die Auffassung, daß Zahlen Eigenschaften von Mengen sind: die Zahl zwei eine Eigenschaft aller Paare, die Zahl drei eine Eigenschaft aller Tripel etc. Ich habe deutlich gemacht, daß diese Auffassung nicht zureichend ist, weil das Merkmal, zwei oder drei Mitglieder zu haben, nicht dasselbe ist, wie die Zahl zwei oder drei. Üblicherweise scheut ein Naturalist vor Mengen zurück. Sie sind abstrakt und deshalb inakzeptabel. Er bevorzugt es, von Aggregaten zu sprechen, d.h. von raumzeitlichen Ganzheiten, die aus raumzeitlichen Teilen bestehen. Als ein Beispiel für ein solches Aggregat können wir ein Schachbrett denken. Dieses Schachbrett besteht (räumlich) aus vierundsechzig engen Quadraten. Genauer gesagt hat dieses Schachbrett die ‚Eigenschaft' ein vierundsechzig Quadrat Aggregat zu sein. Angenommen, daß irgendwo, in irgendeinem Raum eines Jungen, vierundsechzig Murmeln auf dem Boden liegen. Diese Murmeln bilden ein Aggregat. Dieses Aggregat hat die ‚Eigenschaft' ein vierundsechzig Murmeln Aggregat zu sein. Schließlich existieren noch zahlreiche andere vierundsechzig P Aggregate, wobei P irgendeine Eigenschaft bedeuten soll. Es existieren viele andere Aggregate, die das Merkmal haben, vierundscchzig P Aggregate zu sein. Dies legt die Auffassung nahe, daß die Zahl vierundsechzig eine Eigenschaft aller und nur solcher Aggregate ist, die vierundsechzig P Aggregate sind. Es ist klar, daß dies die naturalistische Version der Auffassung ist, daß Zahlen Eigenschaften von Mengen sind. Mengen wurden lediglich durch Aggregate ersetzt. Überflüssig zu sagen, daß ein anderer Fall vorliegt bei der impliziten Überzeugung, daß alles, was gezählt ist, ein Aggregat ist, d.h. eine raumzeitliche Ganzheit.

Wie sich dies der Naturalist jedoch selbst denkt, ist diese Auffassung nicht gerechtfertigt und dies hauptsächlich aus dem folgenden bekannten Grund. Denken wir erneut an das Schachbrett. Es besteht nicht nur aus vierundsechzig kleinen Quadraten, sondern auch aus sechzehn größeren Quadraten (jedes gebildet aus vier kleinen Quadraten). Daher hat ein und dasselbe Ding, ein und dasselbe Aggregat die Eigenschaft vierundsechzig und ebenso die Eigenschaft sechzehn. Doch ein und dasselbe Ding kann nicht unterschiedliche Anzahlen haben.

An diesem Punkt bringt der Naturalist selbst die relationale Auffassung der Zahlen vor (vgl. z.B. Forrest und Armstrong 1987: 165-86). Offenbar ist das Schachbrett vierundsechzig nur *relativ* zu den kleinen Quadraten, und es ist sechzehn *relativ* zu den Quadraten, die durch vier kleine Quadrate gebildet werden. Was dem Ansatz fehlt, ist diese Relativität der jeweiligen Eigenschaften. Voilá, die relationale Auffassung der Zahlen: vierundsechzig ist eine Relation zwischen dem Schachbrett und der Eigenschaft, ein kleines Quadrat zu sein, und sechzehn ist eine Relation zwischen dem Schachbrett und der Eigenschaft, ein Quadrat zu sein, das aus vier kleinen Quadraten gebildet wird. Vierundsechzig ist ebenfalls eine Relation zwischen der Konfiguration, die aus den Murmeln auf dem Boden gebildet wird, und der Eigenschaft, eine Murmel zu sein.

Die relationale Auffassung wird durch die Tatsache motiviert, daß ein und dieselbe raumzeitliche Struktur in vielen unterschiedlichen Weisen geteilt werden kann. Genauer gesagt, beruht die Auffassung auf vielen verschiedenen Arten von Teilen. Dies ist für Mengen nicht der Fall, und dies ist der Grund, warum wir nicht die Zahl auf eine Menge einer bestimmten Eigenschaft festlegen können. Doch mir scheint, daß derselbe Einwand gegen die relationale Auffassung erhoben werden kann. Die Relation, von der man sagen könnte, daß sie zwischen den Aggregaten der Murmeln und der Eigenschaft, eine Murmel zu sein, existiert, ist nicht die Zahl vierundsechzig, sondern die Relation, vierundsechzig Teile zu haben mit der Eigenschaft (eine Murmel zu sein), und die Zahl vierundsechzig ist lediglich ein Bestandteil dieser Relation.

Ich folgere, daß Zahlen weder individuelle Dinge, noch Eigenschaften sind, weder Strukturen, noch Mengen oder Tatsachen, und weil dies alle Kategorien sind, die wir haben, folgt daraus, daß Zahlen eine eigene Kategorie bilden. Ich möchte diese Kategorie ‚Quantoren' nennen. Das Merkmal von vierundsechzig Dingen exemplifiziert zu sein, oder durch drei Dinge, ist sehr ähnlich dem Merkmal, durch einige Dinge oder alle Dinge exemplifiziert zu sein. Diese offensichtliche Ähnlichkeit verspricht, weiteres Licht auf die Natur der Kategorie der Quantoren zu werfen. Ich werde *einige, alle, kein, fast alle, ganz wenige* usw. ‚unbestimmte Quantoren' nennen, um diese von den ‚bestimmten Quantoren' zu unterscheiden. Zahlen sind bestimmte Quantoren.

Wenn man begreift, daß einige, alle usw. zur selben Kategorie gehören wie Zahlen, dann gewinnen wir Einsicht in die Kategorie der Quantoren, weil unbestimmte Quantoren in der Logik sehr gut bekannt sind und erklärt werden. In der Logik stellen wir uns z.B. die Tatsache, daß alle Menschen sterblich sind, durch folgende Form vor:

(1) Für *alle Dinge*: wenn ein Ding ein Mensch ist, dann ist es sterblich.

Und die Tatsache, daß einige Menschen Lügner sind, wird durch die etwas verständlichere Form gedacht:

(2) Für *einige Dinge* gilt: sie sind Menschen, und sie sind Lügner.

Analog denke ich die Tatsache, daß vier Personen in diesem Raum sind durch die folgende Form:

(3) Für *vier Dinge* gilt: sie sind Personen, und sie sind in diesem Raum.

Und die Tatsache, daß es neun Planeten gibt, hat die folgende Struktur:

(4) Für neun Dinge gilt: sie sind Planeten.

Alle, einige, vier und neun *quantifizieren* in diesen Beispielen die *Dinge*, von denen die Rede ist. Wie die Logiker sagen, ist *Ding* eine Variable. Es ist klar, daß wir deutlich zwischen den Quantoren und den Variablen unterscheiden müssen. Die Beispiele zeigen, daß die Quantoren sich ändern können, während die Variablen gleich bleiben. Das erste, was wir uns merken, ist daher, daß wir unterscheiden müssen zwischen den Quantoren und dem, was sie quantifizieren, nämlich die Variablen.

Wir müssen jedoch auch unterscheiden zwischen den Quantoren und Variablen einerseits und den Worten für diese Dinge andererseits. Der Allquantor ist nicht das Wort ‚alle', sondern vielmehr das, wofür das Wort steht; der Quantor vier (4) ist nicht die Zahl ‚vier' (‚4'), sondern die Zahl, für die dieser Ausdruck steht. Wenn ich über die Worte oder Ausdrücke spreche und nicht über das, wofür sie stehen, werde ich die Re-

dewendungen ‚das quantifizierende Wort' oder >‚der Ausdruck ‚vier'<
verwenden.

Betrachten wir nun unsere arithmetischen Urteile. Wie verhält es sich mit der Tatsache, daß zwei Äpfel und zwei Äpfel vier Äpfel sind? Offenbar ist dies eine Instanz einer arithmetischen Wahrheit, daß zwei und zwei vier ist. Was ist das Wesen dieser letzteren Tatsache? Was ist die Struktur der Tatsache, die wir in der Schule durch ‚2+2=4' darzustellen lernen? Ich glaube, daß diese Tatsache vollkommen klar durch den Ausdruck ‚+(2, 2, 4)' dargestellt wird. Hier erkennen wir deutlich, daß die Summenrelation (plus, +) eine dreistellige Relation ist, die in diesem Fall zwei, zwei und vier verbindet. Daher arbeiten wir hier mit einer relationalen Tatsachen zwischen Zahlen. Diese Tatsache ähnelt der relationalen Tatsache, daß Punkt b zwischen den Punkten a und c liegt: zwischen (b, a, c). Dennoch gibt es diese Differenz: während die Plusrelation dieselbe Zahl zweimal als Stelle haben kann, ist dies hinsichtlich der Relation ‚zwischen' nicht möglich. Arithmetische Relationen sind im allgemeinen Relationen zwischen Quantoren. (Zum Spaß können wir versuchen, eine ‚Arithmetik' unbestimmter Quantoren zu entwerfen. Alle weniger einigen ist zum Beispiel ganz offensichtlich einige).

Doch zurück zu der Tatsache, daß zwei Äpfel und zwei Äpfel vier Äpfel sind. Weil zwei plus zwei vier ist folgt, daß zwei Dinge plus zwei Dinge vier Dinge sind. Daraus folgt wieder umgekehrt, daß zwei Äpfel plus zwei Äpfel vier Äpfel sind. Man muß deshalb zwischen mindestens drei Propositionen unterscheiden:

(5) + (2, 2, 4)
(6) + (2 Dinge, 2 Dinge, 4 Dinge)
(7) + (2 Äpfel, 2 Äpfel, 4 Äpfel)

(6) folgt aus (5) und (7) folgt umgekehrt aus (6).

Es gibt eine faszinierende Geschichte, die mit der Progression von (5) zu (7) verbunden ist. Fragen wir uns, wie wir wissen, daß (6) eine Tatsache ist (daß der korrespondierende Satz wahr ist). Kant bemerkte, daß wir zu der Wahrheit von (6) nicht durch Induktion von individuellen Instanzen wie (7) gelangen. Wir argumentieren nicht, daß (6) für alle Dinge gilt, weil es für Äpfel, Orangen, Stifte, Wassergläser usw. usw. gilt. Wir schließen, daß (6) eine *universale Wahrheit* ist; daß sie für alle Dinge gilt, *obgleich sie nicht durch Induktion erlangt wird*. Hier entsteht die philosophische Frage, wie universale Wahrheiten möglich sind. Wie können wir wissen, daß etwas für alles gilt, wissen, mit dieser Gewißheit und wissen, ohne Induktion in Anspruch zu nehmen? Oder in Kants Terminologie: wie sind synthetisch-apriorische Wahrheiten möglich? Um diese Frage zu beantworten, entwickelte Kant seine idealistische Philosophie (vgl. Kant: Kritik der reinen Vernunft).

Wir können Kants Frage beantworten, ohne in die idealistische Falle zu gehen. Wir wissen, daß (6) wahr ist, und wir wissen dies gewiß, weil (6) *logisch* aus (5) *folgt* und wir wissen, daß (5) wahr ist. Um die Verbindung zwischen (6) und (5) zu sehen, mag eine Analogie hilfreich sein. Denken wir uns die Beziehung dunkler als zwischen zwei Farbschattierungen. Die Relation besteht z.B. zwischen mitternachtsblau und Kanariengelb; mitternachtsblau ist dunkler als kanariengelb. Diese Tatsache ist analog zu der Tatsache, daß die Plusrelation zwischen zwei, zwei und vier besteht. Weil nun mitternachtsblau dunkler als kanariengelb ist, *folgt logisch*, daß es für alle Dinge wahr ist, daß, wenn etwas mitternachtsblau ist, es dann farblich dunkler ist als etwas, das kanariengelb ist. Diese letztere Wahrheit ist universal, oder in Kants Terminologie: sie ist allgemein, sie gilt für alle Dinge, aber sie ist notwendig und nicht durch Induktion aus einzelnen Fällen erlangt. Diese Wahrheit würden wir nicht erlangen, wenn wir diese universale Wahrheit dadurch verifizieren, daß wir zuerst eine mitternachtsblaue Bluse mit einem kanariengelben Pullover vergleichen, dann einen mitternachtsblauen Hut mit einer kanariengelben Wand, dann ein mitternachtsblaues Buch mit einem kanariengelben Ball usw., usw. Vielmehr wissen wir, daß, weil mitternachtsblau dunkler als kanariengelb ist, jegliches, das mitternachtsblau ist, (farblich) dunkler als kanariengelb ist.

Aus dieser Perspektive ergibt sich, daß Kant einfach nicht sah, oder zumindest nicht deutlich sah, daß einige generelle Sätze universal sind, nicht wegen eines besonderen Beitrags unseres Geistes (dies ist sein Idealismus), sondern weil sie aus (nicht-generellen) relationalen Sätzen folgen.

Zusammenfassend: (i) Zahlen gehören zur Kategorie der Quantoren, (ii) arithmetische Gleichungen erfordern Relationen zwischen diesen Quantoren, und (iii) Anwendungen solcher Gleichungen auf Dinge in der Welt sind möglich auf Grund der Tatsache, daß Zahlen selbst ein Teil der Welt sind und Quantoren Dinge in der Welt.

Arithmetische *Gleichungen* sind jedoch nicht alles, was die Arithmetik ausmacht. Hinzu kommen die *Gesetze* der Arithmetik. Diese Gesetze behaupten nicht, daß gewisse Relationen zwischen gegebenen Zahlen bestehen, sondern sie sagen etwas grundsätzlich über Zahlen. Das sogenannte kommutative Gesetze für die Addition z.b. besagt, daß für alle Zahlen m und n die Summe aus m und n dieselbe ist wie die Summe aus n und m. Auf unsere etwas ungeschickte Weise Dinge klarer auszudrüc??ken, bedeutet dieses Gesetz: Für alle Zahlen m und n: die Zahl, die die Summe aus m und n ist, ist dieselbe wie die Zahl, die die Summe aus n und m ist. Dieses Gesetz der Arithmetik beschreibt gewisse Eigenschaften arithmetischer Relationen.

Tatsachen

Zuletzt haben wir die Kategorie der Tatsachen. Tatsachen sind, im Unterschied zu einigen Individuen, allen Eigenschaften, Relationen und Zahlen komplex. Sie haben Konstituenten. Dies unterscheidet sie von den anderen Arten von Dingen. Doch auch Mengen und Strukturen sind komplex. Was also unterscheidet Tatsachen von Mengen und Strukturen? Es gibt zwei und nur zwei wesentliche Merkmale, die nur Tatsachen besitzen. Erstens stehen Tatsachen und nur Tatsachen in bestimmten Relationen zueinander. Zum Beispiel können Tatsachen und nur Tatsachen verbunden werden: wenn *p* eine Tatsache ist und *q* eine Tatsache ist, dann ist auch *p und q* eine Tatsache. Es gibt eine Anzahl von diesen Relationen: oder, wenn-dann, weder-noch etc. Zweitens: nur Tatsachen können negativ sein. Etwas weniger genau gesagt: nur Tatsachen können eine Negation enthalten. Es ist z.B. eine Tatsache, daß der Mond *nicht* aus Käse besteht. Und es ist auch eine Tatsache, daß zwei und zwei *nicht* fünf ist. Mengen und Strukturen stehen weder in solchen Relationen, noch können sie negativ sein.

An diesem Punkt nötigt uns die Auseinandersetzung, die folgende sehr wichtige Unterscheidung einzuführen. Wir müssen zwischen Tatsachen und Sachverhalten unterscheiden. Ein bloßer Sachverhalt ist etwas, das eine Tatsache wäre, wenn es existieren würde. Daß der Mond z.B. aus Käse besteht, ist ein bloßer Sachverhalt; offensichtlich ist es keine Tatsache, Doch wenn der Mond aus Käse bestünde, dann würde der Sachverhalt, daß der Mond aus Käse besteht, eher zur Kategorie der Tatsachen gehören als zur Kategorie der Relation oder der Mengen.

Weil es bei vielen Gelegenheiten notwendig ist, ohne Unterschied über Tatsachen und Sachverhalte zu sprechen, benötigen wir dennoch einen Begriff, der beide repräsentiert. Ich werde von *Sachverhalten* sprechen. Während es deshalb eine Tatsache ist, daß der Mond nicht aus Käse besteht, und während es ein bloßer Sachverhalt ist, daß der Mond aus Käse besteht, sind beide Umstände Sachverhalte.

Um mehr Licht auf diese terminologische Angelegenheit zu werfen, bedenken wir einmal, wie die Wahrheit mit diesen beiden Arten von Sachverhalten verbunden ist. Wenn jemand glaubt, daß p und p eine Tatsache ist, dann ist sein Glaube wahr. Umgekehrt, wenn das, was er glaubt, wahr ist, nämlich p, dann ist p eine Tatsache und nicht bloß ein Sachverhalt. Nach dieser Konzeption der Verbindung sind Wahrheit und Falschheit Merkmale des Glaubens, der Annahme, von Urteilen oder, in Kürze, von mentalen Akten. Und dieses Merkmal gehört zu den mentalen Akten auf Grund der Tatsache, daß der jeweilige mentale Akt sich auf einen Sachverhalt bezieht, der eine Tatsache ist oder nicht. Gäbe es keine Urteile, keinen Glauben, keine Annahmen, dann gäbe es keine Wahrheit oder Falschheit, obgleich es noch existierende Tatsachen gäbe. Daß der Mond nicht aus Käse besteht, ist eine Tatsache, die völlig unabhängig davon besteht, ob es einen Geist gibt. Daß es jedoch wahr ist, daß der Mond nicht aus Käse besteht, ist, nach unserer Analyse, die Tatsache, daß der Glaube (Annahme, Urteil) wahr ist, daß der Mond nicht aus Käse besteht, und diese Tatsache würde nicht existieren, wenn es keinen Geist gäbe, d.h. kein Glauben (Annehmen, Urteilen usw.).

Zur weiteren Klärung sei hier bemerkt, daß die Aussagenlogik es eher mit Sachverhalten zu tun hat als mit Tatsachen. Ein Beispiel: die logische Wahrheit, daß p oder nicht-p der Fall ist, oder deutlicher, das folgende Gesetz der Logik: für alle Sachverhalte p: entweder ist p eine Tatsache, oder nicht-p ist eine Tatsache. Man sieht hier deutlich, was ich früher sagte, daß wir den Begriff des Sachverhalts benötigen: wir können keine Aussagenlogik ohne diesen Begriff betreiben. Und noch mehr als nur das ist die Aussagenlogik nichts anderes als eine Theorie darüber, welche Sachverhalte existieren, d.h., Tatsachen sind, wenn andere Sachverhalte existieren (d.h. Tatsachen sind). Grob gesagt, es ist die allgemeinste Theorie über die Existenz von Sachverhalten.

Daher spielen Sachverhalte in der Ontologie eine sehr bedeutende Rolle, aber sie konstituieren keine eine Kategorie. Was wir kategorisieren, sind immer Existenzen, und durch verbale Übereinstimmung sagten wir, daß einige Sachverhalte nicht existieren. Die Kategorie heißt deshalb die Kategorie der Tatsachen.

Die wichtigste ontologische Frage bezüglich Tatsachen ist: welche Arten von Tatsachen gibt es? Ich möchte nun eine Liste der wichtigsten Arten vorlegen:

(i) Wir können zwischen einfachen und komplexen Tatsachen unterscheiden. Eine einfache Tatsache ist eine Tatsache, die keine anderen Tatsachen beinhaltet. Eine komplexe Tatsache ist demnach eine solche, die andere Tatsachen beinhaltet. Daß sich die Erde um die Sonne dreht, ist eine einfache Tatsache und ebenso die Tatsache, daß zwei plus zwei vier ist. Auf der anderen Seite ist die Tatsache, daß die Erde sich um die Sonne dreht *und* zwei plus zwei vier ist, eine komplexe Tatsache. Sie besteht aus zwei Tatsachen. Es ist eine Konjunktion zweier solcher Tatsachen. Allgemeiner gesagt, bestehen komplexe Tatsachen aus einfachen Tatsachen, die miteinander *verbunden* sind auf die früher beschriebene Art. Komplexe Tatsachen werden gebildet aus einfachen Tatsachen durch solche Relationen wie und, oder, wenn-dann, weder-noch, genau dann wenn, etc. Ich werde diese Relationen ‚Verbinder' nennen. Nach diesen Begriffen werden komplexe Tatsachen gebildet aus einfachen Tatsachen mit Hilfe von Verbindern.

Wie verhält es sich bei der Negation: verwandelt sie eine einfache in eine komplexe Tatsache? Offenbar nicht. Wenn ein Sachverhalt negiert wird, bringt dies nur eine Tatsache hervor, wenn der ursprüngliche Sachverhalt keine Tatsache war. Es ist eine Tatsache, daß der Mond nicht aus Käse gemacht ist, weil es nur ein Sachverhalt ist, daß der Mond aus Käse gemacht ist. Sollen wir also negative Tatsachen zu den einfachen oder komplexen Sachverhalten zählen? Letztlich ist die Wahl von uns abhängig. Negation ist so verschieden von den Verbindern, daß wir diese Differenz dadurch herausstellen möchten, daß wir negative Tatsachen als einfach denken. Wir können auch versuchen, ein anderes Thema der Ontologie zu betonen, indem wir negative Tatsachen mit komplexen Tatsachen, die Verbinder beinhalten, in eine Gruppe zusammentun. Ich übernehme die erste Vereinbarung mit dem Ergebnis, daß jede negative Tatsache als einfach gilt. Die Negation einer Konjunktion wie z.B. nicht(p und q) ist demnach eine einfache Tatsache.

Doch zunächst möchten wir ein anderes Merkmal von Tatsachen herausstellen, nämlich, daß einige komplexe Tatsachen Sachverhalte enthalten, die keine Tatsachen sind. Es ist beispielsweise eine Tatsache, daß die Erde sich um die Sonne dreht *oder* daß zwei plus zwei fünf ist. Die komplexe Tatsache besteht aus einer Tatsache – daß die Erde sich um die Sonne dreht – und einem bloßen Sachverhalt - daß zwei plus zwei fünf ist. Wenn diese beiden Sachverhalten durch eine Konjunktion anstatt durch die Disjunktion oder verbunden wären, wäre das Ergebnis keine Tatsache, sondern bloß ein Sachverhalt. Noch fremder ist es, wenn wir sagen, daß die Relation weder-noch zu einer komplexen Tatsache führt, wenn ihre beiden Terme bloße Sachverhalte sind. Daher ist es nicht der Fall, daß alle komplexen Tatsachen allein aus Tatsachen bestehen. Doch am erstaunlichsten ist die Schlußfolgerung aus diesen Beispielen, daß Relationen zwischen Sachverhalten, die Verbinder, Nichtexistentes mit Existierendem verbinden können. In der oben erwähnten Disjunktion z.B. ist die Tatsache, daß die Erde sich um die Sonne dreht, verbunden mit etwas, das nicht existiert, nämlich dem Sachverhalt, daß zwei plus zwei fünf ist. Wir sehen, daß Verbinder in der Tat seltsame Relationen sind. Sie sind völlig verschieden von gewöhnlichen Relationen um uns herum, von Familienrelationen, von räumlichen Relationen oder von zeitlichen Relationen. Relationen, die etwas verbinden, was nicht existiert, wollen wir ‚abnormale Relationen' nennen. Relationen, die nur zwischen Existierendem bestehen, sind ‚normal'. Unsere Diskussion über die Natur der Tatsachen hat uns so zur Entdeckung einer seltsamen und ausgefallenen Art von Relationen geführt, nämlich zur Entdeckung der abnormalen Relationen. Solche Überraschungen sind in der Ontologie im Überfluß vorhanden.

Soweit haben wir jetzt zwischen einfachen und komplexen Tatsachen unterschieden. Natürlich sind alle Tatsachen in einem bestimmten Sinne komplex. Sie haben Konstituenten. Und hier ist der Ort, um zwischen drei verschiedenen Teil-Ganzes-Beziehungen zu unterscheiden. Zuerst gibt es Mengen, und diese haben Mitglieder. Die *Mitgliedsrelation* ist die für Mengen charakteristische Teil-Ganzes-Relation. Zweitens gibt es Strukturen, und diese haben Teile. Die *Teil-Ganzes-Relation*, wie ich sie mangels eines besseren Begriffs nennen möchte, ist die für Strukturen charakteristische Relation. Und schließlich drittens gibt es Tatsachen, und diese haben Konstituenten. Die *Konstitutionsrelation* charakterisiert Tatsachen (wir werden auch von Konstituenten von Sachverhalten sprechen). Genau genommen jedoch hat ein bloßer Sachverhalt keine Konstituenten, weil er nicht existiert. Doch wir können von den Konstituenten sprechen, die er hätte, wenn der Sachverhalt existieren würde).

(ii) Alle Tatsachen können in quantifizierte und nichtquantifizierte Tatsachen eingeteilt werden. Quantifizierte Tatsachen beginnen mit einem Teil, der durch Sätze wie die folgenden repräsentiert wird: „Für alle Dinge gilt, daß..." oder „Für vier Dinge gilt, daß ...". Es ist durchaus möglich, daß es Tatsachen mit mehr als einem Quantor gibt. So kann es eine Tatsache mit der folgenden Form geben: für alle Dinge gilt, daß; für einige Dinge gilt, daß; für vier Dinge gilt, daß. Ein Beispiel für eine nichtquantifizierte Tatsache ist die weiter oben erwähnte Tatsache, daß zwei plus zwei vier ist.

Es ist klar, daß es komplexe Tatsachen gibt, die nur aus unquantifizierten Tatsachen bestehen, andere, die nur aus quantifizierten Tatsachen bestehen, und wieder andere, die aus einer Mischung aus beiden Arten von Tatsachen bestehen. Das Folgende ist eine Konjunktion der ersten Art: Sokrates ist sterblich, und zwei plus zwei ist vier. Dies hier ist ein Beispiel für die zweite Art: alle Menschen sind sterblich, und einige Menschen sind Lügner. Und schließlich ein Beispiel für eine Tatsache, die aus beiden Arten besteht: Sokrates ist sterblich genau dann, wenn alle Menschen sterblich sind.

(iii) Es gibt eine dritte Weise, Tatsachen in zwei Arten einzuteilen, die im Vergleich zu den beiden anderen Weisen weniger wichtig ist, die jedoch in der Geschichte der Philosophie eine bedeutende Rolle gespielt hat. Tatsachen sind entweder *zeitlich* oder nicht-zeitlich. Nehmen wir an, Sie haben einen fleischigen, lebenden Hummer im Supermarkt gekauft und bringen ihn zum Kochen nach Hause. Als Sie ihn kauften, hatte er eine gewisse Braunfärbung, sagen wir, er war braun. Nachdem Sie ihn gekocht haben, ist er rot. Hinsichtlich des Hummers ist es wahr, daß er braun ist, und auch, daß er rot ist. Weil wir wissen, daß nicht überall zugleich braun und rot sein kann, können wir es dabei nicht bewenden lassen. Natürlich wissen wir, wie wir den drohenden Widerspruch vermeiden können.: der Hummer war *zuerst* braun und *später* rot. Daher ist es nicht eine Tatsache, daß der Hummer braun und rot ist, sondern vielmehr, daß er braun ist zu einer gewissen Zeit t_m und daß er rot ist zu einer anderen Zeit t_n. Daher gibt es keinen Widerspruch.

Tatsachen über individuelle Dinge sind von dieser Art: sie enthalten zeitliche Lokalisierungen. Daß die Sonne nicht in Bloomington scheint, ist keine Tatsache, doch daß sie nicht in Bloomington am 11. Januar 1989 um 14.00 Uhr scheint, ist eine Tatsache. Der Bequemlichkeit halber lassen wir häufig den zeitlichen Faktor beiseite (und den räumlichen ebenso), weil es aus dem Zusammenhang klar ist. Doch wir dürfen diesen Faktor nie vergessen, auch wenn es aus dem Zusammenhang klar ist, ist er ein wesentlicher Teil gewisser Tatsachen. Früher erwähnten wir jedoch Tatsachen, die nicht zeitlich sind, die keine zeitlichen Faktoren als Konstituenten enthalten. So ist z.B. die Tatsache, daß zwei plus zwei vier ist, eine Tatsache dieser zweiten Art. Zwei plus zwei ist vier nicht nur zu einer bestimmten Zeit oder während einer bestimmten Periode, sondern zeitlos. Und mitternachtsblau ist nicht zu einem bestimmten Moment oder während einer gewissen Zeitspanne dunkler als kanariengelb, sondern zeitlos.

Mit diesen Überlegungen sind wir wieder mit der Schlacht zwischen Naturalisten und Ontologen verbunden. Zurück zu der Geschichte des unglücklichen Hummers, der gekocht wurde. Wie ich sagte, gibt es zwei relevante Tatsachen: (i) die Tatsache, daß der Hummer braun ist, zu t_m und (ii) die Tatsache, daß der Hummer rot ist, zu t_n. Daß man bei der Geschichte einige zeitliche Entitäten erwähnen muß, folgt aus der Tatsache, daß diese beiden Tatsachen ein individuelles Ding enthalten, den Hummer, der seine Farbe in der Zeit verändert. Nun, sind diese zwei Tatsachen selbst zeitlich? Für uns Ontologen ist die Antwort offensichtlich: obwohl einige Tatsachen zeitliche Lokalisierungen *enthalten*, sind Tatsachen selbst *nicht* in der Zeit lokalisiert. Die Tatsache z.B., daß unser besonderer Hummer zum Zeitpunkt t_m braun war, existiert nicht zu einer bestimmten Zeit. Er existiert nicht, sagen wir, später als Napoleons Geburt. Natürlich existiert der Hummer nach Napoleon. Doch die Tatsache, daß er zu einer bestimmten Zeit braun ist, diese Tatsache ist überhaupt nicht in der Zeit.

Es ist klar, daß der Naturalist entweder die Existenz von Tatsachen bestreiten muß, oder aber behaupten muß, daß Tatsachen zeitlich sind (vgl. für eine beharrliche Verteidigung *konkreter* Sachverhalte, Anderson 1962). Eine zweite Alternative hat eine gewisse Plausibilität, zumindest wenn wir Tatsachen betrachten, die individuelle Dinge enthalten. Man könnte z.B. behaupten, daß die Tatsache, daß der Hummer braun ist, zu einem bestimmten Moment t_m existiert und daß die Tatsache, daß der Hummer rot ist, zu einem anderen Zeitpunkt t_n existiert. Nach dieser Analyse gibt es wirklich keine Sache wie die Tatsache, daß der Hummer zum Zeitpunkt t_m braun ist. Statt dessen existiert (in der Zeit) die Tatsache, daß der Hummer braun ist. Um dies mit Nachdruck weiterzuführen, nehmen wir an, daß der Hummer seine Farbe von rot zu braun ändert, indem er in Essig getunkt wird. Nehmen wir somit an, daß wir den Hummer, nachdem er gekocht wurde, nehmen, um ihn in Essig einzutauchen. Nach der Auffassung, die wir gerade untersuchen, existiert die Tatsache, daß der Hummer zum Zeitpunkt t_m braun ist. Zum Zeitpunkt t_n existiert diese Tatsache nicht. Aber die Tatsache existiert erneut zum späteren Zeitpunkt t_o. Ein und dieselbe Tatsache existiert zu einer bestimmten Zeit und erneut zu einer späteren Zeit.

Der Trick des Naturalisten besteht darin, daß er die Tatsache zeitlich dort in der Realität lokalisiert, wo der Hummer sich zeitlich befindet, wenn er diese oder jene Farbe hat. Die Zeitlichkeit des Hummers wird sozusagen übertragen auf die Tatsache über den Hummer. Doch diese Methode funktioniert nicht mehr, wenn wir sie auf Tatsachen über Dinge anwenden, die keine Individuen sind. Es ist eine Tatsache, daß zwei plus zwei vier ist; doch wann existiert diese Tatsache? Es ist eine Tatsache, daß mitternachtsblau dunkler als kanariengelb ist; doch wann existiert diese Tatsache? Ich sehe keine offensichtliche und klare Antwort auf diese Fragen. Gleichwohl muß der Naturalist eine Antwort geben: er muß entweder bestreiten, daß es solche Tatsachen gibt, oder aber er muß zuerst einige Bestandteile der Tatsachen in der Zeit lokalisieren, so daß er dann die Tatsache lokalisieren kann, wenn die Bestandteile existieren. Dies bedeutet im Falle der Zahlen, daß der Naturalist zuerst eine Theorie vorschlagen muß, die Zahlen als individuelle Dinge kategorisiert (als Individuen einer bestimmten Art). Aus der vorhergegangenen Diskussion dürfte ersichtlich geworden sein, daß dies keine einfache Aufgabe ist.

Wenn der Naturalist die Existenz von Tatsachen anerkennt, dann muß er diese nicht nur in der Zeit, sondern auch im Raum lokalisieren. Erneut: die Dialektik der philosophischen Situation ist klar. Die Tatsache, daß der Hummer braun ist, so könnte man sagen, existiert, wenn der Hummer braun ist, und sie existiert dort, wo der Hummer existiert, nämlich genau hier in der Einkaufstasche. Nach Auffassung des Ontologen existiert natürlich die Tatsache weder zu einer bestimmten Zeit (oder für eine bestimmte Dauer), noch an einem bestimmten Ort. Was zu einer bestimmten Zeit oder an einem bestimmten Ort existiert, ist immer nur das individuelle Ding, der Hummer. Was ich gerade über die Zeit sagte, gilt ebenso für den Raum: sobald wir Tatsachen über Dinge betrachten, die anders sind als indviduelle Dinge, funktioniert der Trick mit der Lokalisierung der Tatsachen an dem Ort, wo die Individuen existieren, nicht mehr.

Solche Tatsachen stellen eine gewaltige Aufgabe für den Naturalisten dar. Seine Aufgabe ist furchtbar: er muß zuerst bestreiten, daß es Tatsachen gibt, die keine Individuen enthalten, und er muß zweitens für die Auffassung argumentieren, daß Tatsachen über individuelle Dinge die zeitlichen und räumlichen Merkmale besitzen, die wir üblicherweise Individuen zuschreiben, die deren Konstituenten sind.

Wir haben unterschieden zwischen (i) einfachen und komplexen Tatsachen, (ii) zwischen quantifizierten und nicht-quantifizierten Tatsachen und (iii) zwischen ‚zeitlichen' und ‚atemporalen' Tatsachen. Es gibt eine wichtigere Unterscheidung, nämlich die zwischen positiven und negativen Tatsachen. Es ist ebenso eine Tatsache, daß der Mond *nicht* aus Käse besteht, wie es eine Tatsache ist, daß Menschen auf dem Mond landeten (zu einer bestimmten Zeit). Ich habe bereits auf die wahrhaft schockierende Tatsache angespielt, daß Negation immer verbunden ist mit einem bloßen Sachverhalt in einer negativen Tatsache, und wir werden auf diesen Punkt in einem späteren Kapitel über das Geheimnis der Negation zurückkommen. Im Augenblick möchte ich die Aufmerksamkeit auf die Tatsache lenken, daß negative Tatsachen für viele Philosophen weit verdächtiger aussehen als Tatsachen überhaupt für den Naturalisten. Bertrand Russell bemerkte einmal, daß „in der menschlichen Brust ein zumeist unhinterfragtes Verlagen eingepflanzt ist, einen Weg zu finden, um negative Tatsachen als ebenso grundlegende Tatsachen wie positive Tatsachen nicht zulassen zu müssen" (Russell 1956b: 287). Und an einer anderen Stelle erzählt er, daß, als er in Harvard Vorlesungen hielt und behauptete, daß es negative Tatsachen gibt, dies beinahe einen Aufstand hervorrief (ibid.: 211-13). Kein Wunder also, daß Philosophen verzweifelt versuchten, negative Tatsachen loszuwerden.

Wir werden die negativen Tatsachen im letzten Kapitel im Zusammenhang mit der Negation diskutieren. Doch es gibt einen Versuch, die Existenz negativer Tatsachen zu leugnen, den ich jetzt vorstellen möchte, weil er eine wertvolle philosophische Lektion darstellt. Wittgenstein (1889-1951) vertritt im *Tractatus* (1961) die extreme Auffassung, daß es keine negativen, keine komplexen und keine quantifizierten Tatsachen gibt. Werfen wir einen Blick auf seine Argumente.

Die grundlegende Idee von Wittgensteins Auffassung ist, daß es keine solchen Dinge wie (i) Negation, (ii) Verbinder oder (iii) Quantoren gibt. Nun, wenn es keine Negation (in irgendeiner Form) gibt, dann kann es keine negativen Tatsachen geben. Und wenn es kein *und*, kein *wenn-dann* etc. gibt, dann kann es keine komplexen Tatsachen geben. Und schließlich, wenn es nicht *alle*, *einige* oder *fünf* gibt, dann gibt es keine quantifizierten Tatsachen. Warum glaubt Wittgenstein, daß es keine Negation gibt? Hier ist sein Argument: „Und gäbe es einen Gegenstand, der ‚~' hieße, so müßte ‚~~p' etwas anderes sagen als ‚p'. Denn der eine Satz würde dann eben von ~ handeln, der andere nicht." (1984: 5.44).

Wittgenstein glaubt, daß der Satz

(1) ‚Zwei plus zwei ist gleich vier'

dieselbe Tatsache repräsentiert wie der Satz:

(2) ‚Es ist nicht der Fall, daß zwei plus zwei nicht vier ist'.

Und weil die Tatsache, die durch (1) repräsentiert wird, ganz offensichtlich keine Negation enthält, kann auch die durch (2) repräsentierte Tatsache keine Negation enthalten, auch wenn (2) zweimal einen negativen Ausdruck enthält. Und dies beweist, daß diese negativen Ausdrücke nichts repräsentieren.

Wittgensteins Mißverständnis besteht in der Annahme, daß ohne weitere Umstände (1) und (2) dieselbe Tatsache repräsentieren. Das tun sie nicht! Wir werden, unter Gebrauch von Wittgensteins eigener Art der Begründung, dafür argumentieren, daß, weil die durch (2) repräsentierte Tatsache ganz offensichtlich die Negation enthält, während dies bei (1) nicht der Fall ist, beide Tatsachen nicht *gleich* sein können. Warum nimmt Wittgenstein ohne Zögern an, daß die beiden Sätze *dieselbe* Tatsache repräsentieren? Ich glaube, daß er, ebenso wie viele Logiker und Mathematiker, Identität mit (logischer, analytischer) Äquivalenz konfundiert. Die beiden Sachverhalte sind in der Tat äquivalent: wenn das, was (1) repräsentiert, der Fall ist (eine Tatsache ist), dann ist das, was (2) repräsentiert, der Fall (eine Tatsache) und umgekehrt. Oder: p ist der Fall genau dann, wenn nicht-nicht-p der Fall ist. Oder: Für alle Sachverhalte p:

p ist eine Tatsache genau dann, wenn nicht-nicht-p eine Tatsache ist. Dieses Urteil behauptet jedoch keine Identität zwischen den beiden Sachverhalten, sondern lediglich eine Äquivalenz.

Dies ist die Dialektik der Situation. Wittgenstein *setzt voraus*, daß die beiden Sätze dieselbe Tatsache repräsentieren. Wir bestreiten diese Voraussetzung. Wie würde er seine Prämisse verteidigen? Ich würde vermuten, daß er auf die Tatsache verweisen würde, daß die betreffenden Sachverhalte logisch äquivalent sind. Ich gestehe zu, daß sie logisch äquivalent sind, doch ich erwidere, daß logische Äquivalenz nicht dasselbe ist wie Identität. Wenn ich aufgefordert werde, ein Argument vorzutragen, um zu zeigen, daß die zwei Sachverhalte nicht gleich sind, weise ich auf die Tatsache hin, daß der erste Sachverhalt keine Negation als Konstituente enthält, während der zweite die Negation zweimal enthält. Und ich berufe mich auf das ontologische Gesetz, daß zwei komplexe Entitäten nicht gleich (identisch) sein können, wenn die eine ein Element enthält, das die zweite nicht enthält. Dies ist beim gegenwärtigen Stand der Dinge alles, was man tun kann.

Ich habe mich bei dem Unterschied zwischen Identität und Äquivalenz aufgehalten, weil dies auch Wittgensteins Argument gegen komplexe Tatsachen beeinflußt. Hier besteht die Idee darin, wie schon erwähnt, daß es keine Verbinder gibt, keine solche Relationen zwischen Sachverhalten wie *und, oder, wenn-dann* usw. Wittgenstein sagt:

> Daß v, $\supset$ etc. nicht Beziehungen im Sinne von rechts und links etc. sind, leuchtet ein.
> Die Möglichkeit des kreuzweisen Definierens der logischen ‚Urzeichen' Freges und Russells zeigt schon, daß diese keine Urzeichen sind, und schon erst recht, daß sie keine Relationen bezeichnen.
> Und es ist offenbar, daß das ‚$\supset$', welches wir durch ‚$\sim$' und ‚v' definieren, identisch ist mit dem, durch welches wir ‚v' mit ‚$\sim$' definieren, und daß dieses ‚v' mit dem ersten identisch ist. Usw. (1984, 5.42)

Kurz gesagt ist Wittgensteins Argument, daß, weil die Ausdrücke für Verbinder durcheinander bestimmbar sind, die resultierenden Sätze dieselbe Tatsache repräsentieren. Zum Beispiel repräsentiert ein Urteil der Form ‚wenn p, dann q' dieselbe Tatsache wie ein Urteil der Form ‚nicht-p oder q'. Wenn die Ausdrücke für Verbinder Verbinder repräsentieren würden, dann könnten diese beiden Urteile nicht denselben Sachverhalt repräsentieren, denn der erste Sachverhalt würde die *wenn-dann* Relation enthalten, während der zweite die vollkommen andere Relation *oder* enthielte. Wie im Fall der Negation stellen wir Wittgensteins Argument auf den Kopf: Weil die beiden Sachverhalte in der Tat völlig unterschiedliche Relationen enthalten, können sie nicht gleich sein.

Doch was ist mit der Tatsache, daß beide Formen durcheinander bestimmt werden können? Dies läuft auf nichts anderes hinaus als auf die logische Äquivalenz, die im Zusammenhang mit der Negation schon erwähnt wurde. Die folgende (logische) Äquivalenz ist wahr: Für alle p und alle q: wenn p, dann q der Fall ist, dann und *genau dann* ist nicht-p oder q der Fall. Und die Wahrheit dieser Äquivalenz impliziert nicht die Selbigkeit der beteiligten Sachverhalte.

Angewandt auf Quantoren führt Wittgensteins Idee zu folgendem: Bedenkt man den Satz ‚alle Dinge sind F', so wurde behauptet, daß dieser Satz denselben Sachverhalt repräsentiert wie ‚a ist F, und b ist F, und c ist F und d ist F'. Ein universal quantifizierter Sachverhalt ist dann tatsächlich lediglich eine Konjunktion von Sachverhalten, und solch eine Konjunktion existiert überhaupt nicht. Doch diese Reduktion funktioniert nicht, denn wie Russell deutlich machte, die Sachverhalte, die durch die beiden Sätze repräsentiert werden, sind nicht äquivalent. Dies bedeutet, daß der eine Sachverhalt wahr sein kann (eine Tatsache repräsentiert), während der andere nicht wahr ist (also lediglich einen Sachverhalt repräsentiert). Dies ist z.B. der Fall, wenn es mehr als vier Dinge gibt, von denen eines nicht F ist. Dann ist es wahr, daß a F ist, b F ist, c F ist und d F ist, aber es ist nicht wahr, daß alle Dinge F sind. Weil die zwei Sätze also nicht äquivalent sind, können sie nicht denselben Sachverhalt repräsentieren. Aber die folgende Äquivalenz besteht: Alle Dinge sind F *genau dann*, wenn a F ist, wenn b F ist, wenn c F ist und wenn d F ist, *und a, b, c und d sind alle Dinge, die es gibt*. Doch die rechte Seite dieser Äquivalenz enthält erneut den Allquantor. Natürlich würden sie selbst dann, wenn solche zwei Urteile ohne die kursiven Absätze äquivalent wären, nicht zeigen, daß sie denselben Sachverhalt repräsentieren, wie ich zuvor bereits mehrfach herausgestellt habe. Und in der Tat würde ich argumentieren, daß ‚alle Dinge sind F' nicht wirklich denselben Sachverhalt repräsentieren kann wie ‚a ist F, und b ist F, und c ist F, und d ist F, weil der erstere Sachverhalt den Allquantor enthält, während dies auf die letzteren nicht zutrifft (und die letzteren enthalten die Relation *und*, während der erstere Sachverhalt kein *und* enthält).

Es gibt noch einen anderen Weg, um das Problem, komplexe Tatsachen zu vermeiden, zu betrachten. Betrachten wir eine ‚Welt', die nur aus vier Tatsachen besteht:

(1) a ist F
(2) a ist G
(3) b ist F; und
(4) b ist H.

Nun betrachten wir den Satz ‚a ist nicht H'. Man mag argumentieren, daß dieser Satz nicht deshalb wahr ist, weil es die negative Tatsache gibt, daß a nicht H ist, sondern weil (1) und (2) gelten. Ähnlich könnte man behaupten, daß der Satz ‚alle Dinge sind F' wahr ist, nicht auf Grund einer quantifizierten Tatsache, sondern wegen (1) und (3). Doch wie genau beweisen (1) und (2), daß der erste Satz wahr ist? Nun, weil (1) und (2) die einzigen Tatsachen über a sind und weil keiner von beiden die Tatsache ist, daß a H ist, folgt logisch, daß der Satz wahr sein muß. Mit anderen Worten: daß der Satz wahr ist, folgt aus der Tatsache, daß die von uns betrachtete Welt *nicht* die Tatsache enthält, daß a H ist. Es ist diese Tatsache über die Welt, die dafür bürgt, daß der Satz wahr ist. Doch man bemerke, daß dies eine *negative* Tatsache *über* die Welt ist und nicht eine Tatsache in der Welt. Daß der Satz wahr ist, folgt nicht aus irgendeiner Tatsache *der* Welt, sondern es folgt aus einer Tatsache *über* die Welt. Ähnliches gilt für unser zweites Beispiel. Daß der Satz ‚alle Dinge sind F' wahr ist, folgt nicht aus (1) und (3). Es folgt vielmehr aus diesen beiden Tatsachen und der zusätzlichen Tatsache, daß a und b die einzigen Dinge (Individuen) in unserer Welt sind. Doch diese zusätzliche Tatsache ist *keine* unquantifizierte Tatsache.

Wir sehen, wie diese Reduktion von negativen und quantifizierten Tatsachen auf positive und unquantifizierte Tatsachen angeblich funktioniert. Daß ‚a ist nicht H' wahr ist, soll angeblich *logisch folgen* aus den zwei Tatsachen (1) und (2). Doch soeben haben wir gesehen, daß dies nicht der Fall ist. Wir benötigen eine weitere Tatsache *über* die Welt, nicht nur die zwei Tatsachen (1) und (2) *in* der Welt. Allgemeiner gesagt ist kein negativer Satz (Sachverhalt) jemals in einer Menge positiver Sätze (Sachverhalte) impliziert. Und dasselbe gilt für quantifizierte und nichtquantifizierte Sätze (Sachverhalte).

Doch dieser Einwand ist nicht anwendbar bei Sätzen wie ‚a ist F und a ist G' und ‚einige (mindestens ein) Ding ist F'. Weil diese ‚Welt' die Tatsachen a ist F und auch a ist G enthält, könnte man argumentieren, daß die zwei gerade erwähnten Sätze als wahr erwiesen werden können, weil sie logisch aus diesen beiden Tatsachen folgen (vgl. z.B. ‚Negation and Generality', Hochberg 1984). Es könnte gesagt werden, daß dann, wenn a ist F eine Tatsache ist, und wenn a ist G auch eine Tatsache ist, logisch folgt, daß der Satz ‚a ist F und a ist G' wahr ist. Und ebenso folgt logisch, daß der Satz ‚einige Dinge sind F' wahr ist. Doch beweist dies, daß es keine konjunktiven Tatsachen gibt? Ich glaube nicht. Was ist es, das in den Ausdrücken (Sätzen) ‚a ist F und a ist G' diese mit den beiden Tatsachen, daß a F ist und a G ist, verbindet? Warum machen diese zwei Tatsachen nicht das Modell ‚a ist F und a ist H' wahr? Nun, dieser letztere Satz ist nicht in den zwei Tatsachen enthalten. Die Implikationsrelation besteht nicht zwischen den Tatsachen und diesem Ausdruck. Doch warum besteht sie nicht in diesem Fall und warum besteht sie in unserem ursprünglichen Fall? Ich sehe nicht, wie man auf diese Fragen eine klare Antwort geben könnte, außer wenn man Zuflucht zu komplexen und quantifizierten Tatsachen nimmt. Die zwei Tatsachen in unserem Beispiel ‚implizieren die Wahrheit des Modells', auf Grund der zwei weiteren Tatsachen:

(1) Die Tatsache, daß das Modell die komplexe Tatsache a ist F und a ist G repräsentiert, und
(2) die logische Tatsache: Für alle Sachverhalte p und q: wenn p besteht und q besteht, dann besteht p und q.

Gäbe es nicht diese beiden Tatsachen, dann wäre die Verbindung zwischen den einfachen Tatsachen und dem Satz vollkommen zufällig, was sie natürlich nicht ist.

Daraus folgere ich, daß es zusätzlich zu einfachen Tatsachen komplexe und quantifizierte Tatsachen gibt. Doch diese Schlußfolgerung bringt für den Naturalisten unüberwindbare Probleme mit sich. Während es eine winzige Plausibilität für die Behauptung geben mag, daß die Tatsache, daß a zum Zeitpunkt t_m F ist, dort ist, ‚wo a ist', verschwindet diese Plausibilität vollständig, wenn wir komplexe Tatsachen, wie z.B. die Tatsache, daß a F ist, wenn b G ist oder b H ist, bedenken. Diese Tatsache ist ganz offenbar weder dort, ‚wo' a ist, noch dort ‚wo' b ist. Hier haben wir eine Widerspiegelung der Schwierigkeit, die früher herausgestellt wurde, daß Relationen nicht plausibel in Raum und Zeit lokalisiert werden können. Die Aufgabe des Naturalisten sieht noch weit verzweifelter aus hinsichtlich von quantifizierten Tatsachen. Wo z.B. befindet sich die Tatsache, daß einige Politiker Lügner sind?

Die Kategorie der Welt

Wenn unsere Diskussion der Kategorien richtig ist, dann gehört alles, was es gibt, zu einer der sieben Kategorien: (i) (einfache) Individuen, (ii) Eigenschaften, (iii) Relationen, (iv) Strukturen, (v) Mengen, (vi) Quantoren und (vii) Tatsachen. Wir wissen, zu welcher Kategorie das physikalische Universum gehört: es ist eine raumzeitliche Struktur. Doch wir haben ebenso darauf beharrt, daß es eine Welt gibt. Daher müssen wir uns jetzt der Frage zuwenden, zu welcher Kategorie die Welt gehört.

Von Anfang an ist eine Sache klar: die Welt ist eine komplexe Entität. Sie enthält Individuen und Eigenschaften, Relationen und Zahlen, Mengen und Strukturen und ebenso Tatsachen. Wenn daher unsere Tafel der Kategorien richtig ist, kann die Welt entweder eine Menge sein oder eine Struktur oder eine Tatsache, denn dies sind die Kategorien komplexer Dinge. Von allen Möglichkeiten, die diese Erkenntnis uns anbietet, stehen noch drei aus. Die Welt könnte entweder eine Menge von Tatsachen sein, eine Struktur von Tatsachen oder eine Tatsache, die aus Tatsachen besteht. Die erste Möglichkeit scheint die am wenigsten wahrscheinliche zu sein. Die Welt scheint nicht aus ‚zusammenhangslosen' Tatsachen zu bestehen, aus Tatsachen, die nicht auf irgendeine Weise miteinander verbunden sind. Die Tatsachen der Welt bilden ein Muster; sie sind miteinander verbunden. Vielleicht ist die Welt dann eine aus Tatsachen bestehende Struktur. Strukturen sind, wie wir wissen, durch ihre Relationen charakterisiert. Was könnte die charakteristische Relation der Welt sein? Ich kenne keine plausible Antwort. Doch wenn man die Frage stellt, dann wird eine Antwort angeregt, die in eine andere Richtung führt. Könnten nicht alle Tatsachen der Welt *miteinander verbunden* sein und so eine ‚Supertatsache' bilden? Wenn diese Möglichkeit akzeptiert wird, dann ist die Welt eine Konjunktion von Tatsachen und daher selbst eine Tatsache. In der Tat glaube ich, daß diese die Lösung unseres Problems ist: *Die Welt ist eine Tatsache, die aus anderen Tatsachen besteht.*

Meine Schlußfolgerung in Bezug zu diesem Punkt ist viel schwächer als die Thesen, die ich bei anderen Gelegenheiten verteidigt habe. Ich gebe zu, daß ich keine überzeugenden Argumente für meine Behauptung habe. Ich verschließe mich aber auch nicht gegenüber Vorschlägen mit einem anderen Ergebnis. Um meine Vorsicht deutlich zu machen, möchte ich von der ‚Welthypothese' sprechen, nämlich der (bloßen) Hypothese, daß die Welt eine Tatsache ist.

Von unserer ganz neu gewonnenen Perspektive wird die Methode der Ontologie transparent. Um die Kategorien zu entdecken, muß der Ontologe mit den Teilen der Welt beginnen, die ihm unmittelbar zugänglich sind, d.h., mit den uns bekannten Tatsachen. Natürlich gehört mehr zur Welt als diese Tatsachen. Es gibt viele Tatsachen, die ein bestimmter Ontologe nicht kennt, und es gibt noch wahrscheinlicher eine große Anzahl wichtiger Tatsachen, die niemand jemals wissen wird. Nur Gott könnte alle Tatsachen kennen, d.h. alle Tatsachen, die es gibt. Doch für den Ontologen ist es nicht wichtig, alle Tatsachen zu kennen, sondern alle *Arten* von Tatsachen, die es gibt. So besteht seine erste Aufgabe darin, alle Arten von Tatsachen zu sortieren. In diesem Prozeß wird er z.B. entdecken, daß einige Tatsachen quantifiziert sind, während andere nicht quantifiziert sind. Als Ergebnis seiner Entdeckungen wird er zu einer Liste von Arten einfacher Tatsachen gelangen. Diese einfachen Tatsachen bestehen aus weiteren Dingen, die keine Tatsachen mehr sind. Die zweite Aufgabe des Ontologen ist dann, alle Entitäten, die Konstituenten einfacher Tatsachen sind, zu kategorisieren. Nach unserer Theorie gehören zu diesen Konstituenten z.B. Zahlen und Mengen.

Das ontologische Unternehmen hat daher zwei Teile. Zuerst verzeichnet man alle *Arten* einfacher Tatsachen, die es gibt. Zweitens kategorisiert man alle Bestandteile dieser einfachen Tatsachen.

Die Ontologie als ein historisches Phänomen folgte überhaupt nicht dieser systematischen Analyse. Ganz im Gegenteil. Wie wir aus unseren Hinweisen auf Platon und Aristoteles, Porphyrius und Boethius, Locke und Berkely wissen, wurden nicht zuerst die Kategorie der Tatsachen entdeckt und die Arten der Tatsachen, die es gibt, sondern die Kategorien der individuellen Dinge und Eigenschaften. Doch dies ist keine Überraschung. Womit wir es in unserem alltäglichen Leben zu tun haben, sind vor allem die individuellen Dinge um uns herum und deren Eigenschaften und Relationen. Doch die Ontologie kann auch als eine systematische und in höchstem Maße abstrakte Theorie betrachtet werden, und dann könnten wir die ‚natürliche Ordnung' auf den Kopf stellen und mit den abstrakteren Einsichten beginnen, um von dort zu den konkreten fortzuschreiten. Physik als ein natürliches historisches Unternehmen beginnt mit konkreten Fragen über die Merkmale ihrer Umwelt. Doch bis jetzt kann sie auch als eine axiomatische Untersuchung behandelt werden, die mit den abstraktesten und esoterischsten Gesetzen der Natur beginnt.

Es gibt natürlich keine Garantie, daß man alle Arten von einfachen Tatsachen, die es gibt, zu einem erfaßt hat, und deshalb kann es keine Garantie geben, daß man alle Konstituenten von Tatsachen kategorisiert hat. Aber auch dies ist keine Überraschung und sollte auch kein Anlaß zu Trauer sein. Weder Gewißheit noch Vollständigkeit ist in dieser Materie zu erreichen. Wir machen Fehler in der Ontologie ebenso wie in der Physik, und die Aufgabe der Ontologie hat ein ebenso offenes Ende wie die Aufgabe der Chemie. Ontologie ist eine ‚empirische' Bemühung, die beeinträchtigt wird von all den Mängeln, die der menschlichen Natur und unseren Unternehmungen auferlegt sind.

Doch kommen wir von diesen Grübeleien zurück zu unserem speziellen Thema. Unsere Theorie bringt folgendes Muster hervor:

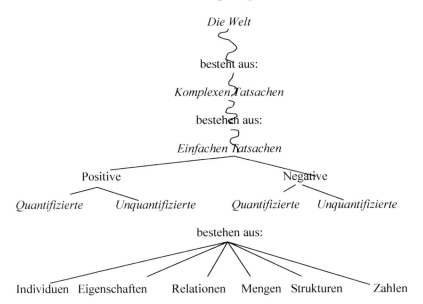

Dies ist natürlich nicht die einzige Weise, in der man die Welt in Kategorien einteilen kann. Es hängt letztlich immer davon ab, welche Kategorien man besonders betonen möchte. Von einem historischen Standpunkt aus wäre eine Einteilung der Welt in konkrete und abstrakte Dinge weit aufschlußreicher:

Die Welt besteht aus:

Konkreten Dingen   *Abstrakten Dingen*

Individuen Zeitliche Strukturen   *Tatsachen Eigenschaften Relationen Atemporale Strukturen Zahlen*

Eine andere Einteilung betont die Unterscheidung zwischen einfachen und komplexen Entitäten:

Die Welt besteht aus:

Einfachen Entitäten   *Komplexen Entitäten*

Individuen Eigenschaften Relationen   Mengen Strukturen Tatsachen Zahlen

Notwendigkeit

Offenbar ist die wichtigste Frage, der wir Ontologen gegenüberstehen, die Frage, ob es Arten von Tatsachen gibt, die wir übersehen haben. Wenn es solche Arten gibt, dann ist es möglich, daß sie Konstituenten haben, die nicht zu einer unserer Kategorien gehören. Werfen wir einen kurzen Blick auf die Notwendigkeit, um zu sehen, ob es nötig ist, diese zu unserer Tafel der Kategorien hinzuzufügen.

Gewöhnliche Menschen wie auch Philosophen sagen Dinge wie:

(1) Es ist notwendig, daß die Sonne morgen aufgeht;
(2) Zwei plus drei ist notwendig dasselbe wie drei plus zwei;
(3) Zwei plus drei ist notwendigerweise fünf; und
(4) Es ist notwendig, daß mitternachtsblau eine Farbe und kein Ton ist.

Notwendigkeit ist verbunden mit Möglichkeit: wenn ein Sachverhalt p notwendig ist, dann ist seine Negation unmöglich. Dasselbe anders gesagt: wenn p notwendigerweise besteht, dann ist es nicht möglich, daß nicht-p besteht. In Bezug zu unserem Beispiel bedeutet dies, daß es nicht möglich ist, daß zwei plus drei irgend etwas anderes ist als fünf, und daß es nicht möglich ist, daß mitternachtsblau ein Ton ist.

Es gibt keinen Zweifel, daß es ‚notwendige Tatsachen' gibt (ebenso wie wir nicht bezweifeln, daß es negative Tatsachen gibt). Aber die entscheidende Frage ist die nach den Bestandteilen solcher Tatsachen. Enthalten sie eine Konstituente ‚Notwendigkeit', die nicht zu unseren sieben Kategorien gehört? Trifft dies zu, dann ist unsere Liste der Kategorien nicht vollständig. Trifft es nicht zu, was ist dann die Struktur der Notwendigkeit? Was unterscheidet notwendige Tatsachen vom Rest? Die wichtige Frage lautet: unterscheiden sich notwendige Tatsachen von anderen Tatsachen, weil sie eine spezielle Konstituente haben, eine Konstituente, die nicht bei unseren Kategorien aufgeführt ist?

Ich glaube dies nicht, und ich möchte darlegen, warum ich dies glaube. Es scheint mir zwei Arten von Notwendigkeit zu geben: Notwendigkeit als Gesetzmäßigkeit und Notwendigkeit als Nichtvorstellbarkeit.

Im ersten Sinne bedeutet die Aussage, daß p notwendig ist, soviel wie, daß p logisch aus einem bekannten Gesetz folgt (oder, trivial, daß es ein Gesetz ist). Wenn man z.B. sagt, daß es notwendig ist, daß die Sonne morgen aufgeht, dann sagt man damit, daß es aus den Gesetzen der Planetenbewegung logisch folgt, daß die Sonne aufgehen wird. Ähnlich ist es, wenn man sagt, daß zwei plus drei notwendigerweise dasselbe (Zahl) ist wie drei plus zwei. Man sagt damit, daß dies logisch aus dem sogenannten Gesetz der Kommutivität folgt, mit der Wirkung, daß die Summe von zwei Zahlen m plus n dieselbe ist wie die Summe aus n plus m. Nach Analyse dieser einen Art der Notwendigkeit repräsentiert ‚notwendigerweise p' dieselbe Tatsache wie ‚p folgt logisch aus dem Gesetz L'. Wir müssen somit nicht annehmen, daß p keine Notwendigkeit beinhaltet. Wir wissen ebenso, daß keine Entität Notwendigkeit in der Relation der logischen Folge enthalten ist. In unserem arithmetischen Beispiel ist p einfach eine *Instanz* des Gesetzes der Kommutivität.

Es gibt jedoch eine nicht geringe Zahl Philosophen, die dafür gestritten haben, daß Gesetze Notwendigkeit beinhalten. Sehr kurz gesagt, ist die grundsätzliche Idee, daß es ‚akzidentelle Generalitäten' und Gesetze gibt und daß man die letzteren nur durch die Tatsache von den ersteren unterscheiden kann, daß sie Notwendigkeit beinhalten. Nehmen wir an, es sei wahr, daß immer dann mehr Kinder in Europa geboren wurden, wenn Störche von ihrer Wanderung in den Süden zurückkehrten. Wir glauben nicht, daß es ein Gesetz gibt, das die Rückkehr der Störche mit der Geburtenrate von Kindern verbindet. Wir glauben z.B. nicht, daß Säuglinge von Störchen gebracht werden. Es ist lediglich ein Zufall, daß diese beiden Ereignisse in einer engen zeitlichen Nähe zueinander stehen. Wenn es wirklich ein Gesetz wäre, so die Überlegung, dann würden wir glauben, daß die beiden Ereignisse nicht nur zusammen geschehen, sondern daß sie zusammen bestehen müssen. Wir würden glauben, daß die Rückkehr der Störche die Geburt von mehr Kindern *notwendig macht*. Ich glaube, daß dieser Einwand gegen unsere Analyse bezwungen werden kann. Ich glaube nicht, daß diese Tatsachen, die Gesetze sind, Notwendigkeit beinhalten. Doch dies ist eine lange Geschichte, und diejenigen, welche an dieser Frage weitergehend interessiert sind, verweise ich auf einige in jüngster Zeit erschienene Bücher zu diesem Problem (vgl. für eine vollkommen entgegengesetzte Auffassung z.B. Armstrong 1983).

Dennoch ein weiterer Gedanke. Auch wenn Gesetzmäßigkeit Notwendigkeit enthielte, würde dies nicht beweisen, daß unsere Ontologie unvollständig ist. Diese Notwendigkeit könnte zu einer unserer sieben Kategorien gezählt werden. Nehmen wir an, daß es z.B. ein Gesetz wäre, daß immer dann, wenn etwas die Eigenschaft F hat, es fünf Minuten später die Eigenschaft G erlangt. Nun mag man es für eine Notwendigkeit halten, daß dann, wenn etwas F ist, es fünf Minuten später auch G ist. Aber diese Notwendigkeit könnte man als eine *Relation* zwischen dem F-Sein von etwas und dem G-Sein von etwas (ein wenig später) denken. So behauptet das Gesetz, daß es eine eigentümliche Beziehung (die Relation der Kausalität, der Gesetzmäßigkeit, der Notwendigkeit) zwischen Dingen, die F sind, und Dingen, die G sind, gibt. In diesem Fall erweist sich Notwendigkeit als eine Relation, und unsere Ontologie hat für sie einen Ort.

Die zweite Art der Notwendigkeit, die wir vorfinden, hat etwas mit dem zu tun, was wir als menschliche Wesen vorstellen können. An dieser Stelle müssen wir nun vorsichtig sein und zwischen dem, was wir, in dem von uns intendierten Sinne, vorstellen können, und dem, was wir denken können, unterscheiden. Es gibt viele Sachverhalte, die wir denken, aber nicht vorstellen können. Ich kann denken, daß mitternachtsblau eher ein Ton ist als eine Farbe, doch kann ich mir dies nicht vorstellen. Wenn man nicht glaubt, daß sich dies nicht denken läßt, frage man sich selbst, ob diese Farbschattierung ein Ton ist? Natürlich ist es kein Ton, sondern eine Farbe. Aber ich behaupte, daß man für die Beantwortung der Frage, auf die die Antwort so offensichtlich ist, gedacht haben muß, daß mitternachtsblau ein Ton ist.

Notwendigkeit in der zweiten Hauptbedeutung besagt soviel wie, daß wir etwas nicht anders vorstellen können. Ich kann mitternachtsblau nicht anders als eine Farbe vorstellen und deshalb, denke ich, ist es notwendig, daß es eine Farbe ist. Ich kann nicht vorstellen, daß zwei plus drei nicht fünf ist, und deshalb bin ich überzeugt, daß es notwendig ist, daß die Summe fünf ist, usw. Offensichtlich ist das, was wir vorstellen können, abhängig von unseren Sinnesorganen. Organismen mit anderen Wahrnehmungen könnten Dinge vorstellen, die wir nicht vorstellen können. Dies sollte uns an die schwache Natur dieser Art von Notwendigkeit erinnern. Was wir als nicht anders sein könnend vorstellen, mag sich schließlich als falsch erweisen (vieles aus dem Bereich der Teilchenphysik z.B. erscheint mir unvorstellbar, aber nicht undenkbar). Doch wie auch immer, Notwendigkeit in der Weise von Unvorstellbarkeit des Gegenteils beeinhaltet ganz sicher nicht eine Entität Notwendigkeit.

KAPITEL IV

Das Substrat der Welt
Existenz

Seinsweisen

Unter all den Tatsachen, die es gibt, sind einige ‚Existenztatsachen'. Zum Beispiel ist es eine Tatsache, daß der Nikolaus nicht *existiert* und genauso ist es eine Tatsache, daß Tiger *existieren*. Man kann dieselben Tatsachen ausdrücken, indem man sagt, daß es den Nikolaus nicht gibt und daß es Tiger *gibt*. Eine ‚Existenztatsache' ist daher einfach eine Tatsache über die Existenz oder Nichtexistenz des einen oder anderen. Um diese Situation so einfach wie möglich zu nehmen, lassen wir die Zeitformen außer acht. Das es einst Dinosaurier gab, ist ebenso eine Existenztatsache, wie es eine Existenztatsache ist, daß es ein neues Motel am Strand von Ocho Rios geben wird.

Was uns hier interessiert, ist eine geeignete Analyse von Existenztatsachen. Im besonderen müssen wir herausfinden, ob Existenz eine Entität ist, die zu einer unserer sieben Kategorien gehört. Ich möchte, im Gegensatz zur allgemeinen Überzeugung, für die Auffassung argumentieren, daß Existenz kein Mitglied irgendeiner dieser Kategorien ist. Mehr noch bin ich davon überzeugt, daß sie auch keine eigene Kategorie bildet, denn ich bin überzeugt, daß sie keine Eigenschaft ist. Ein individuelles Ding zu sein oder eine Menge zu sein, bedeutet, die Eigenschaft zu haben, ein Individuum zu sein oder eine Menge zu sein. Daher sind diese sieben Kategorien sehr ‚abstrakte', sehr esoterische Eigenschaften, die die Dinge in den Kategorien haben. Existenz, so scheint mir, hat keine von diesen sieben Eigenschaften. Sie ist weder ein individuelles Ding, noch eine Eigenschaft oder eine Relation usw. Vielleicht jedoch gehört sie zu einer eigenen Kategorie, die genau ein Ding hat, nämlich die Existenz selbst. Doch gäbe es eine derartige Kategorie, dann wäre sie eine Eigenschaft, die genau ein Ding hat. Wenn die Argumente, die ich gleich ausführen werde, stark sind, dann scheint es, daß Existenz überhaupt keine Eigenschaft ist. Wir brauchen ein Wort für die Art von Sache, die die Existenz ist. Ich möchte sie ein *Merkmal* der Welt nennen: obgleich

Existenz zu keiner Kategorie gehört, ist sie gleichwohl ein Merkmal der Welt.

Bevor wir unser Hauptargument darlegen, will ich versuchen, die weit verbreite Auffassung in Zweifel zu ziehen, daß es Weisen oder Arten der Existenz gibt. Gelegentlich wird die Sache in dieser Weise behandelt: es gibt eine Kategorie des Seins, die verschiedene andere Arten unter sich befaßt. Existenz, in dieser Terminologie, kann betrachtet werden als eine Art der verschiedenen Arten von Sein. Wir müssen hier eine bestimmte Weise des Sprechens übernehmen, um Verwirrungen zu vermeiden. Ich möchte es so formulieren, daß die Auffassung kritisiert werden muß, daß es Weisen des Seins gibt und daß Existenz eine dieser Seinsweisen ist. Im Gegensatz dazu behaupte ich, daß es solche Seinsweisen nicht gibt, daß es nur eine ‚Art von Sein' gibt, nämlich die, die ich Existenz nenne. Alles, was es gibt, existiert; und all das, was es nicht gibt, existiert nicht. Eine andere Möglichkeit gibt es nicht.

Indem er zwei Argumente aus Platons *Sophistes* wiederholt, verteidigt Russell die Existenz des Seins in der folgenden Passage:

> Sein ist das, was zu jedem denkbaren Begriff gehört, zu jedem möglichen Gegenstand des Denkens – in Kürze, zu jeglichem, das in irgendeiner Proposition möglicherweise besteht, ob wahr oder falsch, und es gehört zu all diesen Propositionen selbst. Sein gehört zu allem, was gezählt werden kann. Wenn A irgendein Ausdruck ist, der als einer gezählt werden kann, dann ist klar, daß A etwas ist, und deshalb, daß A ist. ‚A ist nicht' muß immer entweder falsch oder ohne Bedeutung sein. Denn wenn A nichts wäre, dann könnte dies nicht einmal gesagt werden; ‚A ist nicht' impliziert, daß es einen Ausdruck A gibt, dessen Sein bestritten wird, und deshalb ist A. Außer wenn ‚A ist nicht' ein leeres Geräusch wäre, muß es gewiß sein, was auch immer A sein mag. Zahlen, die homerischen Götter, Relationen, Chimären und vierdimensionale Räume haben alle Sein, denn wenn sie nicht irgendeine Art von Entitäten wären, könnten wir keine Aussagen über sie machen. Deshalb ist Sein ein allgemeines Attribut von jeglichem, und irgend etwas zu erwähnen, bedeutet zu zeigen, daß es ist. Im Gegensatz dazu ist Existenz das Vorrecht nur einiger Seiender. (1964: 449).

Nach dieser Auffassung ist Sein eine Eigenschaft („Attribut'), die jeglichem zukommt. Der Nikolaus z.B. hat Sein. Existenz hingegen ist eine Eigenschaft, die nur zu einigen Seienden gehört. Der Nikolaus existiert nicht. Dinosaurier andererseits haben sowohl Sein als auch Existenz. Russell spielt mit seiner Auffassung auf zwei Argumente an.

Das erste Argument beruht auf der Annahme, daß alles gezählt werden kann. Hamlet z.B. ist *eine* Person, obgleich er nicht existiert. Ich glaube, Russell hat folgendes überlegt. Alles, sofern es eines ist, muß das eine oder andere sein. Hamlet ist, wie ich gerade sagte, eine *Person*. Mit anderen Worten, nichts kann nur eines sein, oder kann nur fünf oder fünfhundert sein. Vielmehr ist etwas eine *Person*, oder es ist fünf *Bäume* oder auch fünfhundert *Windhunde*. Wenn nun Hamlet eine Person ist, dann ist er gewiß eine Person. Doch wenn er eine Person ist, wenn er diese Eigenschaft hat, dann muß er Sein haben. Deshalb muß Hamlet Sein haben. Ich stimme mit der Überzeugung überein, die besagt, daß dann, wenn Hamlet eine Person ist, er Sein haben muß. Tatsächlich glaube ich, daß etwas weit erstaunlicheres aus der angeblichen Tatsache folgt, daß Hamlet eine Person ist, nämlich, daß Hamlet existiert. Wenn Hamlet wirklich eine Person wäre, oder wenn er ein Prinz wäre, oder wenn er in Dänemark lebte, dann würde er existieren und nicht bloß Sein haben. Doch natürlich ist Hamlet keine Person. Allgemeiner gesagt glaube ich, daß, wenn ein Ding A eine ‚gewöhnliche' Eigenschaft hat, es dann existiert.

Hamlet hat kein Sein, weil er keine Person ist. Er wird lediglich von Shakespeare als eine Person *beschrieben*. Er wird *vorgestellt* als ein Ganzes von Eigenschaften, aber er *hat* diese Eigenschaften nicht. Und weil er diese Eigenschaften nicht hat, kann er nicht ein so und so jemand sein. Doch ist er nicht doch zumindest ein *Ding*, eine *Entität*? Mit dieser Frage haben wir das Zentrum von Russells Argument erreicht. Die vermutlich grundlegendste Annahme des ersten Arguments Russels ist die, daß nur Seiende quantifiziert werden können. Hamlet ist ein *etwas*, auch wenn er kein Prinz sein mag, oder männlich oder keine unentschlossene Person usw. Aber er ist ein Seiendes. Und weil er ein Seiendes ist, hat er Sein. Und was für Hamlet gilt, das gilt für alles, was wir denken können, unabhängig davon, ob es existiert oder nicht: es ist ein Seiendes, es hat Sein. Sein ist das allgemeinste Genus, das es gibt.

Ich glaube, daß Russells Annahme falsch ist. Sein ist nicht der allgemeinste Begriff, unter den alle Dinge klassifiziert werden können. Vielmehr ist dies der Begriff eines *Objektes des Geistes*, oder kurz, der Begriff eines *Objektes*. Shakespeare erdachte Hamlet, und dasselbe tun wir, wenn wir das Schauspiel lesen oder es im Theater sehen. Hamlet ist ein Objekt unseres Denkens. Woran wir in diesem Fall denken, existiert nicht. Einige Objekte unseres Denkens (oder Glaubens, Zweifelns, Hoffens) existieren nicht, andere existieren. Doch weil Hamlet ein Objekt ist, können wir ihn zählen: er ist ein solches Objekt. Die Brüder Karamasow sind zum Vergleich drei (vier?) solche Objekte. Nichtexistierende Dinge können quantifiziert werden, da sie unter den Begriff eines Objektes des Geistes fallen.

Ich möchte nicht einen der schwierigsten Aspekte aller Ontologien verbergen: wenn ein Nichtexistierendes ein Objekt des Geistes ist, dann muß es in einer einzigartigen Beziehung zu diesem Geist stehen. Dies ist es, was wir meinen, wenn wir sagen, es ist ein Objekt des Geistes. Doch wie kann etwas, das nicht existiert, das überhaupt keine Art von Sein hat, in irgendeiner Beziehung zu etwas stehen? Wenn a links von b ist, dann existiert sowohl a als auch b. Wenn a der Vater von b ist, dann existiert sowohl a als auch b. Selbst wenn a früher als b existiert, existieren beide, wenn auch nicht zur selben Zeit. Doch wenn a ein nichtexistierendes Objekt irgendeiner Vorstellung oder eines Denkens ist, dann existiert nur die Vorstellung oder das Denken, a jedoch existiert nicht. Wie kann der Geist mit etwas in Kontakt treten, das überhaupt nicht existiert? Wie kann etwas bezogen sein – im Vorstellen, Denken, Wünschen etc. – das überhaupt kein Sein hat? Letzten Endes lautet die Frage: Wie kann es eine Relation mit zwei Stellen geben, doch nur eine Stelle existiert? Wie kann es eine Verbindung geben zwischen etwas und nichts?

Ich glaube, daß jede Ontologie des Geistes mit dieser schwierigen Frage konfrontiert ist. Ebenso glaube ich, daß es keine bessere Antwort gibt als zuzugestehen, daß es Relationen gibt, die abnormal sind, d.h., daß sie etwas, das es gibt, mit etwas verbinden, das es nicht gibt. Wir machten bereits früher Bekanntschaft mit solchen Relationen, als wir sahen, daß einige Verbinder Tatsachen mit nichtexistierenden Sachverhalten verbinden. Wir sind jetzt vertraut mit der sogenannten ‚intentionalen Relation' zwischen einem Geist (einem mentalen Akt des Glaubens, des Sehens, des Wünschens etc.) einerseits und irgendeinem Gegenstand des Geistes andererseits. Diese einzigartige Relation, eine Charakteristik des Geistes und nur des Geistes, ist in der Hinsicht abnormal, daß sie gelegentlich, wie einige Verbinder, Existierendes mit einem Nichtexistierenden verbindet.

Philosophen sind über dieses Zugeständnis nicht glücklich gewesen, und ich bin überzeugt, daß nur wenige so optimistisch wie ich waren hinsichtlich der Aussicht, alle Relationen in zwei Gruppen einteilen zu müssen, nämlich in normale und abnormale Relationen. Doch ist dies genau die Situation, die für die Ontologie charakteristisch ist: Man ist ständig mit den kompliziertesten Dilemmas konfrontiert, und eine grundsätzliche Übereinstimmung über einen plausiblen Ausweg ist nur selten zu erreichen. Was ist die Alternative in unserem Fall? Nun, wenn wir die Existenz der intentionalen Relation zwischen Geist und Gegenstand bestreiten, dann bleibt nur ein ontologisches Mysterium übrig angesichts der Frage, wie der Geist mit irgend etwas und mit sich selbst verbunden sein kann. Wie ist dann Wissen von irgend etwas möglich? Wenn man die Existenz einer Relation leugnet, dann bedeutet dies, daß der Geist kein Objekt hat, und dies ist sicherlich falsch. Wenn wir auf der anderen Seite zugestehen, daß der Geist Objekte hat, dann bleibt nur die Wahl zwischen zwei Möglichkeiten. Entweder akzeptieren wir unsere Auffassung über die Existenz abnormaler Relationen, oder aber wir folgen Russell und statten nichtexistierende Gegenstände mit irgendeiner Form von Sein aus. Es muß jedoch bemerkt werden, daß Russells Ausweg nicht wirklich der Zwickmühle ausweicht. Eine Relation ist abnormal, wie wir den Begriff definiert haben, genau dann, wenn sie zwischen mindestens einem *Nichtexistierenden* und einem anderen Ding besteht. Selbst wenn wir behaupten, daß Hamlet zumindest Sein hat, wenn er auch nicht *existiert*, nötigt uns diese Definition dennoch, die Existenz einer abnormalen Relation zuzulassen.

Russells zweites Argument kann in der folgenden Weise dargestellt werden. Wenn Hamlet kein Sein hat, dann kann Hamlet keine Konstituente der Tatsache sein, daß Hamlet nicht existiert. Deshalb kann es eine solche Tatsache wie die, daß Hamlet nicht existiert, nicht geben. Der Satz ‚Hamlet existiert nicht' wäre sinnlos. Doch ganz offensichtlich ist der Satz nicht nur nicht sinnlos, er ist sogar wahr. Deshalb muß Hamlet mindestens Sein haben. Bei genauerer Betrachtung wird aber deutlich, daß dieses Argument zurückgeht auf das, was wir soeben über abnormale Relationen sagten. Es beruht auf der Annahme, daß dann, wenn Hamlet kein Sein hat, er keine Konstituente der Tatsache sein kann, daß Hamlet nicht existiert. Mit anderen Worten: Das Argument *scheint* auf der Annahme zu beruhen, daß die Konstitutionsrelation nicht abnormal ist. Ich sagte ‚scheint', weil wir jetzt sehen, daß ein ganz anderes Prinzip involviert ist, nämlich das

Prinzip, daß etwas nur dann ein Konstituent einer Tatsache sein kann, auch wenn es nicht existiert, wenn es zumindest Sein hat. Doch was spricht für dieses Prinzip? Während es plausibel sein mag zu behaupten, daß alle Konstituenten einer Tatsachen existieren müssen – und ich glaube, daß Russell zu einer bestimmten Zeit in dieser Weise argumentiert hätte -, ist es überhaupt nicht plausibel zu behaupten, daß sie Sein haben müssen. Dies legt nahe, daß Russell sich nicht so bewußt war, wie er hätte sein sollen, daß diese Verteidigung des Seins den Schock nicht mildert über unsere Intuition der Existenz abnormaler Relationen.

Weder die Tatsache, daß Hamlet ein Objekt ist, noch die Tatsache, daß er nicht existiert, zeigt, daß er Sein haben muß, wenn ihm die Existenz fehlt. Ich denke, wie ich schon früher sagte, daß Hamlet nicht existiert, und zudem, daß er keine andere Art von Sein hat, welche auch immer. Napoleon andererseits existiert (in dem zeitlosen Sinne, wie wir ihn angenommen haben), doch hat er keine andere Art des Seins. Gibt es irgendein anderes Argument für die Existenz von Seinsweisen?

Mir scheint, daß alle anderen Argumente für die Existenz von Seinsweisen die folgende Form haben. Zunächst legt man dar, daß zwei Arten von Dingen grundlegend verschieden sind, daß sie sich ‚kategorial' unterscheiden. Dann stellt man fest, daß solch ein gewaltiger Unterschied ein Unterschied der Seinsweisen sein muß. Während die eine Art von Ding existiert, subsistiert die andere lediglich. So gibt es eine alte und geheiligte Auffassung, daß die Unterscheidung zwischen konkreten und abstrakten Dingen wirklich eine Unterscheidung zwischen zwei Arten von Sein ist. Was in der Zeit existiert (und/oder im Raum), die ‚konkreten' Dinge um uns herum, so wurde oft behauptet, existiert im wahren und echtesten Sinne des Wortes. Abstrakte Dinge wie Mengen und Zahlen, Tatsachen und Relationen, hätten hingegen eine andere Art von Sein. Sie sind nicht ‚da' so wie Stühle und Tische; sie sind jedoch auch nicht nichts. Sie haben eine verdünnte Art von Existenz. Sie sind nicht so ‚vollblütig' wie konkrete Dinge, die das Universum ausmachen (erinnern wir uns an Reids Bemerkung über das Sein der Universalien).

Diese Art von Argument ist offensichtlich irreführend. Aus der Tatsache, daß zwei Arten von Dingen in ihren Eigenschaften grundlegend verschieden sind, folgt einfach nicht, daß sie unterschiedliche Seinsweisen haben. Natürlich können sie in unterschiedlichen Weisen existieren, doch daß sie so existieren, kann in dieser Weise nicht gezeigt werden. Konkrete Dinge unterscheiden sich grundlegend von abstrakten Dingen darin, daß erstere zeitliche Eigenschaften haben und in zeitlichen Relationen zueinander stehen. Doch diese Tatsache, so beeindruckend und wichtig sie auch ist, hat keinerlei Tendenz zu beweisen, daß zusätzlich zu dieser Differenz es auch noch einen Unterschied der Seinsweisen gibt.

Ich glaube, daß Heidegger (1889-1976) den irreführenden Schritt von einer Differenz der Eigenschaften und Relationen zu einer Differenz der Seinsweisen zu einer philosophischen Methode vollendet hat (vgl. Grossmann 1984). Wann immer er dachte, er habe eine sprachliche Verschiedenheit zwischen zwei Arten von Dingen entdeckt, verwandelte er sie in eine Differenz des Seins. Weil beispielsweise menschliche Wesen offensichtlich von allem anderen in der Welt sehr verschieden sind, verwandelt er diese Differenz in eine Differenz zweier Arten von Existenz (Heidegger 1962). Mit ontologischer Voraussicht können wir uns auch eine philosophische Ablehnung aller Eigenschaften (und Relationen) vorstellen und statt dessen ebenso viele Seinsweisen einführen. Nach dieser Konzeption hat ein Krokodil nicht die Eigenschaft, ein Krokodil zu sein; es gibt keine solche Eigenschaft. Statt dessen existiert es in einer besonderen Seinsweise, der Alligator Seinsweise. Ein Krokodil zu sein bedeutet dann, ‚krokodilisch' zu existieren. Überflüssig zu sagen, daß diese ‚existentialistische' Bewegung nicht überzeugender ist als die wohlbekannte Behauptung, daß wir nicht Gefühle empfinden, sondern ‚Gefühliges'.

Existenz als eine Eigenschaft

Nach der griechischen Tradition kann Existenz nur zu zwei Kategorien gehören: sie muß entweder ein individuelles Ding sein (eine Substanz) oder aber die Eigenschaft eines solchen Dinges. Ebenso ist völlig klar, daß sie kein individuelles Ding sein kann, denn wo und wann könnte man es finden? Daher ist die Schlußfolgerung unvermeidbar, daß Existenz eine Eigenschaft sein muß. Natürlich ist sie nicht bloß eine Eigenschaft unter anderen Eigenschaften, sondern eine Eigenschaft einer besonderen Art. Hauptsächlich ist sie von anderen Eigenschaften durch die Tatsache unterschieden, daß sie zu jeglichem gehört und daß sie nicht Individuen in sich gegenseitig ausschließende Gruppen unterteilt, eine Gruppe von Dingen, die diese Eigenschaften besitzen, und eine Gruppe von Dingen, die sie nicht besitzen. In der aristotelischen Tradition wurde Existenz häufig als ‚transzendentale Gattung' bezeichnet, d.h. als eine Art, die gewöhnliche Arten transzendiert.

Der Begriff, daß Existenz eine Eigenschaft individueller Dinge ist, ist eine essentielle Annahme des sogenannten ‚ontologischen Gottesbeweises'. Es gibt viele Versionen dieses Beweises. Ich möchte meine eigene Version vorstellen, weil sie am besten für unseren Zweck, das Wesen der Existenz zu diskutieren, geeignet ist. Hier ist sie:

> (i) Gott ist, der Definition gemäß, das vollkommenste Seiende. Dies bedeutet, daß er jede Vollkommenheit besitzt (jede vollkommene Eigenschaft). Er ist z.B. vollkommen gut, allwissend usw.
> (ii) Existenz ist solch eine Vollkommenheit. Dies bedeutet, daß nichts absolut vollkommen sein kann, außer es existiert.
> (iii) Deshalb muß Gott nach seiner Definition existieren.

Wird das Argument in dieser Weise formuliert, dann ist klar, daß der angebliche Beweis auf einer fundamentalen Annahme und einem offensichtlichen logischen Mißverständnis beruht. Die Annahme ist die, daß Existenz eine Eigenschaft von Dingen ist (Prämisse ii). Wenn diese Annahme falsch ist, dann ist das Argument falsch. Doch es gibt auch einen Fehler in der Begründung. In Prämisse (i) wird fälschlicherweise gefolgert, daß dann, wenn eine Eigenschaft zu etwas durch Definition gehört, unabhängig davon, ob es existiert oder nicht, es zu der Sache gehört. Doch dies ist ganz klar ein Mißverständnis, wie die Analogie zur Definition einer Meerjungfrau zeigt. Eine Meerjungfrau hat definitionsgemäß einen Fischschwanz. Dies ist es, was wir bei einer Meerjungfrau vorstellen. Es ist Teil unseres Begriffs einer Meerjungfrau. Es folgt jedoch nicht, daß Meerjungfrauen Fischschwänze haben. Weil es keine Meerjungfrauen gibt, können sie auch keine Fischschwänze haben. Was vielmehr aus unserem Begriff einer Meerjungfrau folgt, ist, daß dann, *wenn es* Meerjungfrauen *gäbe*, sie einen Fischschwanz hätten. Ähnliches gilt im Falle unseres Begriffs von Gott. Nehmen wir für einen Moment an, daß dieser Begriff tatsächlich der Begriff von jemandem ist, der existiert, dann folgt aus dieser Annahme lediglich, daß, *wenn* es diesen Gott gibt, er dann die Eigenschaft der Existenz haben muß. Doch diese Prämisse ist natürlich nicht zureichend, die gewünschte Schlußfolgerung für den angeblichen Beweis herbeizuführen.

Diese beiden Einwände sind nicht neu. Kant diskutierte sie ausführlich in der *Kritik der reinen Vernunft*. Und er gibt ein Argument, daß Existenz keine Eigenschaft sein kann:

> Wenn ich also ein Ding, durch welches und wie viel Prädikate ich will (selbst in der durchgängigen Bestimmung), denke, so kommt dadurch, daß ich noch hinzusetze, dieses Ding *ist*, nicht das mindeste zu dem Ding hinzu. Denn sonst würde nicht eben dasselbe, sondern mehr existieren, als ich im Begriff gedacht hatte, und ich könnte nicht sagen, daß gerade der Gegenstand meines Begriffs existiere. Denke ich mir auch sogar in einem Dinge alle Realität außer einer, so kommt dadurch, daß ich sage, ein solches mangelhaftes Wesen existiert, die fehlende Realität nicht hinzu, sondern es existiert gerade mit demselben Mangel behaftet, wie ich es gedacht habe, sonst würde etwas anderes, als ich dachte, existieren. (Immanuel Kant: Kritik der reinen Vernunft, B628).

Wenn ich Kants Argument richtig verstehe, dann beweist es nicht, daß Existenz keine Eigenschaft ist. Wenn Existenz eine Eigenschaft wäre, so argumentiert Kant, dann könnten wir nicht sagen (urteilen), daß das genaue Objekt eines Begriffs unserer selbst existiert. Nehmen wir an, daß wir ein Objekt o durch einen Begriff denken, der aus genau drei Eigenschaften besteht: P_1, P_2 und P_3. Wenn nun Existenz eine Eigenschaft wäre, dann könnten wir niemals urteilen, daß das Objekt <P1, P2, und P3> existiert. Warum nicht? Ich bin mir nicht sicher, was Kant hier meint. Mir scheint, daß er Folgendes meint: Wenn Existenz eine Eigenschaft wäre, dann würde man mit dem Satz, daß dieses Objekt existiert, nicht etwas über das Objekt <P_1, P_2 und P_3> sagen, sondern etwas über ein anderes Objekt, nämlich das Objekt <P_1, P_2, P_3, und P_4>, wobei P_4 die Eigenschaft der Existenz ist. Was mich verblüfft, ist die Implikation, daß dies geschieht, wenn wir eine gewöhnliche Eigenschaft eines Dinges mit drei Eigenschaften prädizieren. Wenn Kants Argument stark wäre, dann sollten wir nicht in der Lage sein, P_4 irgendeinem Ding zuzusprechen, das wir zuerst durch die (Begriffe der) drei Eigenschaften P_1 bis P_3 vorgestellt haben. Wenn das Objekt o tatsächlich die Eigenschaft P_4 hat und wir versuchen, diese Eigenschaft o zuzusprechen, prädizieren wir es in Wirklichkeit einem anderen Objekt, nämlich <P_1, P_2, P_3, und P_4>. Doch offensichtlich ist nichts einfacher als festzustellen, daß das Ding, welches die Eigenschaften P_1, P_2 und P_3 hat, auch die Eigenschaft P_4 hat. Wie ich auch immer Kants Worte drehe und wende, ich gelange zu keinem plausiblen Argument gegen die These, daß Existenz eine Eigenschaft ist.

Existenz als Selbstidentität

Wenn Existenz keine Eigenschaft ist, was ist sie dann? Zu einer bestimmten Zeit dachte Frege, daß Existenz nichts anderes als Selbstidentität ist (vgl. Dialog mit Pünjer über Existenz, in Frege 1971). Betrachten wir die Behauptung, daß Menschen existieren. Nach Frege kann der Inhalt dieser Behauptung nicht in der Prädikation von Existenz bestehen, denn die Behauptung sagt nichts anderes, als daß Menschen mit sich selbst identisch sind. Ähnlich sagt ‚dies und jenes existiert' nichts anderes, als daß dies und jenes selbstidentisch ist. Solch eine Behauptung kann nur den Zweck haben, ein Gesetz der Selbstidentität zu formulieren. Sie schreibt dem in der Behauptung erwähnten Ding nicht wirklich etwas zu.

Freges Auffassung hat zwei Teile. Zuerst behauptet er, daß die Zuschreibung der Existenz dasselbe ist wie die Zuschreibung von Selbstidentität. Zweitens meint er, daß die Zuschreibung von Selbstidentität nichts zu unserer Erkenntnis des in Frage stehenden Dinges hinzufügt. Solch eine Behauptung hat keinen Inhalt. Ich glaube, daß Frege in beiden Punkten falsch liegt, doch kann ich verstehen, wie er zu dieser Auffassung gelangt sein könnte. Er mag folgendermaßen gedacht haben: wenn man einem Ding die Existenz zuspricht, dann sagt man nichts Neues, nicht irgend etwas Interessantes oder Erhellendes über das Subjekt. Wie kann dies aber sein? Welche andere Behauptung ist von derselben Art? Nun, wenn man von etwas sagt, daß es mit sich selbst identisch ist, dann sagt man auch nichts Neues über dieses Etwas. Man spricht dem Ding keine Eigenschaft zu. Daher ist Existenz dasselbe wie Selbstidentität. Und weil Selbstidentität uns nichts Neues mitteilt, sagt uns Existenz ebenso nichts Neues.

Aber Existenz ist nicht Selbstidentität. Es scheint intuitiv völlig klar zu sein, daß, wenn man sagt, daß Menschen existieren, während Meerjungfrauen nicht existieren, man etwas anderes sagt, als daß Erstere mit sich selbst identisch sind, während Letztere dies nicht sind. Um auf den Gedanken zu kommen, daß sie dasselbe besagen, muß man zuerst eine verbale Brücke vom einen Satz zum anderen finden. In meiner Rekonstruktion der Fregeschen Überlegungen besteht die verbale Brücke in dem Satz ‚sagt nichts Neues über dieses oder jenes'. Weil weder die Behauptung der Selbstidentität, noch die Behauptung der Existenz ‚irgend etwas Neues sagt', müssen sie dasselbe behaupten. Doch es trifft nicht zu, daß diese Urteile uns nichts Neues sagen. Natürlich sagt man etwas Offensichtliches, etwas Triviales, wenn man sagt, daß Tiger mit sich selbst identisch sind. Doch ist das Offensichtliche und Triviale nicht nichts. Solche Urteile haben einen bestimmten Inhalt. Und dies ist besonders offensichtlich für Existenzurteile. Es mag für Sie nicht neu sein, daß Menschen existieren, doch es kann eine erschütternde Erfahrung sein herauszufinden, daß der Nikolaus nicht existiert.

Man könnte denken, daß es einen offensichtlichen und wirkungsvollen Einwand gegen Freges Identifikation von Existenz und Selbstidentität gibt. Der Nikolaus, so könnte man argumentieren, existiert offensichtlich nicht. Und trotzdem, was ebenso klar ist, ist er mit sich selbst identisch. Daher kann das eine nicht das andere sein. Diese Erwiderung auf Frege beruht auf der Annahme, daß nicht-existierende Gegenstände selbstidentisch sind. Es sind nicht gerade wenige Philosophen, die, obgleich sie nicht die Auffassung verteidigen würden, daß nichtexistierende Gegenstände gewöhnliche Eigenschaften besitzen, dennoch behaupten, daß sie ‚zumindest' selbstidentisch sind. Doch glaube ich, daß diese Auffassung falsch ist: nichtexistierende Objekte haben ebenso wenig einen Bart, wie sie am Nordpol leben etc., oder wie sie selbstidentisch sind. Natürlich führt uns dies zu der Diskussion von Russells Argument für eine Seinsweise zurück, die jedes Objekt hat. Darauf lautet unsere Antwort, in wenigen Worten, daß der Nikolaus, ebenso wie er lediglich mit einem Bart vorgestellt wird, als selbstidentisch vorgestellt wird. Wir gehen deshalb einen Teil des Weges mit Frege: wenn ein Ding existiert, dann ist es auch selbstidentisch und umgekehrt. Aber wir stimmen mit ihm nicht überein, wenn er weitergeht und Existenz und Selbstidentität identifiziert. Beide Merkmale sind äquivalent – auch ontologisch äquivalent – doch sie sind nicht dasselbe.

Existenz als Eigenschaft von Eigenschaften

In späteren Jahren gab Frege die ‚Identitätstheorie' auf und verteidigte eine davon ganz verschiedene Theorie, eine Auffassung zudem, die Dank ihrer Akzeptanz durch Russell, viele Anhänger gefunden hat. Ganz grob gesprochen vertritt diese Auffassung, daß Existenz eine Eigenschaft von Eigenschaften ist, nämlich daß es die Eigenschaft ist, durch etwas exemplifiziert zu sein. Um dieses Konzept der Existenz ganz zu verstehen, möchte ich den Leser an eine seiner ersten logischen Lektionen erinnern.

Die frühere Logik vor Frege gründete auf die sogenannten kategorialen Urteile:

(1) Alle F's sind G;
(2) Kein K ist G;
(3) Einige F's sind G; und
(4) Einige F's sind nicht G.

Frege entdeckte nun, daß die Sachverhalte, die durch diese (und ähnliche) Urteile repräsentiert werden, viel deutlicher repräsentiert werden können durch:

(5) Für alle Dinge x: wenn x F ist, dann ist x G;
(6) Für kein Ding x: wenn x F ist, dann ist x G;
(7) Für einige Dinge x: wenn x F ist, dann ist x G; und
(8) Für einige Dinge x: wenn x F ist, dann ist x nicht G.

Zum Beispiel ist die Äußerung, daß einige Politiker Lügner sind, wirklich die Äußerung, daß einige Dinge sowohl Politiker, als auch Lügner sind. Mit anderen Worten, es ist die Äußerung, daß einige Dinge die Eigenschaft haben, Politiker zu sein, und ebenso die Eigenschaft, Lügner zu sein. Freges Analyse der kategorialen Urteile wird heutzutage von allen Logikern akzeptiert.

Der erste Punkt, auf den in Freges Analyse hinzuweisen ist, ist der, daß das Urteil ‚*Für einige Dinge x*: Wenn x ein Politiker ist, dann ist x ein Lügner' denselben Sachverhalt repräsentiert wie das Urteil: *Es gibt* Dinge, von denen gilt, daß sie Politiker und Lügner sind'. Und hier ist nun der Ort, an dem die Existenz ins Spiel kommt.

Überlegen wir jetzt die Tatsache, daß Tiger *existieren*. Dies ist dieselbe Tatsache wie die, daß *es* Tiger *gibt*. Und dies wiederum ist nach Freges Analyse dieselbe Tatsache wie die, daß *es* Dinge *gibt*, die Tiger sind (die Tatsache, daß es Dinge gibt, die die Eigenschaft haben, Tiger zu sein). Und hier macht nun Frege die überaus wichtige Behauptung, daß man bei der Tatsache, daß es Dinge gibt, die Tiger sind, eine Eigenschaft zu der Eigenschaft, ein Tiger zu sein, hinzufügt, nämlich die Eigenschaft, ‚nicht leer zu sein' bzw. die Eigenschaft ‚durch etwas exemplifiziert zu sein'. Wenn man daher behauptet, daß Tiger existieren, dann behauptet man damit nach der Analyse Freges, daß die Eigenschaft, ein Tiger zu sein, eine gewisse Eigenschaft hat, nämlich die Eigenschaft, durch etwas exemplifiziert zu sein. Existenz stellt sich daher als eine Eigenschaft von Eigenschaften heraus, nämlich als die Eigenschaft, von etwas exemplifiziert zu sein. Oder vielleicht sollte man treffender sagen, daß es in Wirklichkeit nicht so etwas wie Existenz gibt, sondern statt dessen die Eigenschaft, exemplifiziert zu sein, und daß einige Eigenschaften (Tiger) diese Eigenschaft haben, während andere (Meerjungfrauen) diese Eigenschaft nicht haben.

So ist klar, daß der ontologische Gottesbeweis aus einem weiteren, dritten Grund falsch ist, wenn Freges Analyse zutrifft. Der Beweis spricht einem individuellen Ding die Existenz zu. Da nach Frege Existenz nur Eigenschaften zugesprochen werden kann und Gott ein individuelles Ding, also keine Eigenschaft, ist, kann er nicht existieren. Doch hier müssen wir wachsam sein. Ich sagte mit Bezug auf Frege gerade, ‚Existenz kann nur Eigenschaften zugesprochen werden'. Doch darf dieser Satz nicht in seiner gewöhnlichen Bedeutung genommen werden. Wir bedenken nicht, ob die Eigenschaft, ein Tiger zu sein, existiert oder nicht, sondern vielmehr, ob Tiger – diese individuellen Dinge – existieren oder nicht. Betrachten wir daher die Angelegenheit in der folgenden Weise: Weil nach Frege die Existenz nur in der Form der Eigenschaft, exemplifiziert zu sein, erscheint – eine Eigenschaft, die offensichtlich nur Eigenschaften haben können – kann man nicht die Behauptung, daß Gott existiert, so behandeln, als ob etwas einem individuellen Ding zugesprochen wird. Allgemeiner gesagt macht es nach Frege keinen Sinn (ist sinnlos), Existenz individuellen Dingen zuzusprechen. Weder die Behauptung, daß Gott existiert, noch die Behauptung, daß Cäsar existiert, macht nach dieser Analyse irgendeinen Sinn.

Doch es macht durchaus Sinn, Existenz individuellen Dingen zuzusprechen (und es ist ebenso vollkommen sinnvoll zu behaupten, daß der Nikolaus nicht existiert und daß es kein solches Ding wie den Osterhasen gibt). Wenn wir somit den *modus tollens* erneut anwenden, wie wir es in der philosophischen Diskussion gewohnt sind, müssen wir schließen, daß Freges Auffassung nicht richtig sein kann. Eine Auffassung, nach der es sinnvoll ist zu behaupten, daß Tiger existieren, die aber auf derselben Grundlage bestreitet, daß es sinnvoll ist zu behaupten, daß Cäsar existiert (existierte), kann nicht richtig sein (Russell, der Freges Fußstapfen folgt, behauptet, daß ‚die Individuen, die es in dieser Welt gibt, nicht existieren, oder besser gesagt, es ist Unsinn zu sagen, daß sie existieren, wie es Unsinn ist zu sagen, daß sie nicht existieren' [vgl. Russell 1956b, 252]). Der weit verbreitete Einwand, daß der ontologische Gottesbeweis auf einem falschen Existenzbegriff beruht, beruht, wie man sieht, selbst auf einer falschen Auffassung über die Natur der Existenz.

Gibt es eine Möglichkeit, Freges Auffassung so zu verbessern, daß sie es uns erlaubt, Existenz auch individuellen Dingen zuzusprechen? Ich könnte mir eine Möglichkeit denken. Man könnte behaupten, daß jedes individuelle Ding eine bestimmte, einheitliche Eigenschaft besitzt, seine individuelle Essenz, so daß man dann, wenn man sagt, daß ein Individuum existiert, damit behauptet, daß diese Wesenheit exemplifiziert ist. Wenn man z.B. behauptet, daß Gott existiert, dann behauptet man demnach, daß eine gewisse individuelle Wesenheit, sagen wir Gott* exemplifiziert ist. Wenn man behauptet, daß Cäsar existiert, dann sagt man damit, daß seine individuelle Wcsenheit Cäsar* exemplifiziert ist, usw. Die Schwierigkeit dieser Auffassung besteht darin, daß sie auf einem ad hoc Axiom zu beruhen scheint, wonach jedem individuellen Ding eine bestimmte Eigenschaft entsprechen muß, seine individuelle Wesenheit. Gibt es irgendeinen Grund, an dieses Axiom zu glauben? Was soll dies für eine Eigenschaft sein? Die offensichtliche Antwort lautet, daß es die Eigenschaft, Gott zu sein, ist, die Eigenschaft, oder Cäsar zu sein, usw. Betrachten wir die letztere Eigenschaft genauer. Die Eigenschaft, Cäsar zu sein, ist ganz offensichtlich die Eigenschaft, mit Cäsar *identisch* zu sein. Gibt es eine solche Eigenschaft?

Es gibt Philosophen, die ganze Theorien auf die Annahme gegründet haben, daß es eine derartige Eigenschaft gibt. Dennoch glaube ich, daß eine solche Eigenschaft nicht existiert. Es ist natürlich wahr, daß Cäsar mit sich selbst identisch ist (derselbe ist). Mit anderen Worten glaube ich, daß die Identitätsrelation zwischen Cäsar und Cäsar besteht. Wenn es nun zusätzlich zur zweistelligen Relation der Identität noch ein Ding gäbe wie die Eigenschaft, mit Cäsar identisch zu sein, dann würde zusätzlich zu der Tatsache, daß die Relation zwischen Cäsar und Cäsar besteht, noch eine zweite Tatsache bestehen, nämlich die Tatsache, daß Cäsar die Eigenschaft hat, mit sich selbst identisch zu sein. Doch ich glaube nicht, daß auch diese zweite Tatsache besteht, sondern nur die relationale Tatsache. Ich möchte nicht behaupten, daß die beiden Tatsachen gleich sind: sie können nicht gleich sein, denn sie haben unterschiedliche Bestandteile. Die erste Tatsache enthält eine Relation und keine Eigenschaft, während die zweite Tatsache eine Eigenschaft enthalten würde, aber keine Relation (diese Überlegungen zeigen grundsätzlich, daß es keine ‚relationalen Eigenschaften' gibt).

Versuche zur Definition der Existenz

Bisher sind wir sehr gut mit der unglücklichen philosophischen Praxis vertraut, die versucht, Dinge außerhalb der Existenz zu bestimmen, und so ist es für uns keine Überraschung, daß es nicht gerade wenige Versuche gegeben hat, Existenz zu definieren. Einer dieser Versuche behauptet, daß es gewisse Eigenschaften gibt – existenzhinweisende Eigenschaften – so daß ein Objekt a genau dann existiert, wenn es mindestens eine dieser speziellen Eigenschaften besitzt (vgl. Prior 1967 und ebenso Cocchiarella 1969, 33-48). Richtig gesagt bedeutet dies, daß es kein Merkmal wie Existenz gibt, daß es nur Tatsachen gibt, so daß ein Objekt eine dieser Eigenschaften hat oder eben nicht hat. Wenn es diese Eigenschaft hat, dann sagen wir ‚a existiert', anderenfalls ‚a existiert nicht'. Ich glaube, daß alle Eigenschaften und fast alle Relationen tatsächlich ‚existenzhinweisend' sind. Die einzige Ausnahme sind die ‚abnormalen Relationen', die wir zuvor entdeckt haben. Ich argumentierte, daß der intentionale Nexus zwischen einem mentalen Akt und einem nicht-existierenden Objekt bestehen kann. Konzentrieren wir uns zum Zwecke der Vereinfachung auf Eigenschaften. Ich glaube, daß Dinge, die zu den Kategorien gehören, Eigenschaften haben und daß alles, was eine Eigenschaft hat, zu einer der Kategorien gehört. Dies bedeutet, daß *Entitäten,* die zu Kategorien gehören, Eigenschaften haben und daß Dinge, die Eigenschaften haben, *Entitäten* sind. Die Tatsache aber, daß es existenzhinweisende Eigenschaften gibt, bedeutet nicht, daß Existenz durch diese Eigenschaften ersetzt werden kann. Und dies aus mindestens zwei Gründen.

Erstens müssen wir, um zwischen existenzhinweisenden Eigenschaften und anderen Eigenschaften unterscheiden zu können, ein unabhängiges Kriterium für Existenz voraussetzen. Ist F eine existenzhinweisende Eigenschaft? Ich kann mir keine andere Weise vorstellen, diese Frage zu beantworten, außer nachzusehen, ob etwas existiert, das diese Eigenschaft hat. Doch in diesem Bemühen kann Existenz nicht in Begriffen von existenzhinweisenden Eigenschaften verstanden werden. Wir können nicht fragen, ob etwas die Eigenschaft F hat, wenn es die Eigenschaft F hat, denn wir kennen bereits die Antwort auf diese Frage. Und ebenso können wir nicht fragen, ob etwas irgendeine andere existenzhinweisende Eigenschaft G hat, wenn es die Eigenschaft F hat, denn wir können diese Frage nicht beantworten, außer wir wissen bereits, daß gewisse Eigenschaften existenzhinweisend sind. Kurz gesagt: jeder Versuch, existenzhinweisende Eigenschaften abzusondern, muß auf einem unabhängigen Existenzbegriff beruhen.

Zweitens behauptet man mit dem Satz, a existiert, hinsichtlich der Idee, die wir gerade prüfen, nichts anderes, als daß a eine existenzhinweisende Eigenschaft besitzt. Doch wenn man sagt, daß a eine dieser Eigenschaften hat, dann sagt man, daß eine existenzhinweisende Eigenschaft existiert (daß es sie gibt), die a zukommt. Deshalb enthält der Ausdruck, mit dem wir versuchen, Existenz auszudrücken, das Wort für Existenz. Die vorgeschlagene Definition ist zirkulär: sie gebraucht einen Existenzbegriff, um Existenz zu definieren.

Ein anderer Versuch, Existenz außerhalb der Existenz zu definieren, macht Gebrauch vom sogenannten ‚Existenzquantor' (vgl. z.B. Hintikka 1966). Nach diesem Ansatz bedeutet der Satz ‚a existiert' soviel wie ‚es gibt etwas, das mit a identisch ist'.

(D) ‚a existiert' bedeutet ‚Es gibt ein x, von dem gilt: $x = a$'.

Es ist offensichtlich, daß (D) ebenso zirkulär ist wie die Definition durch existenzhinweisende Eigenschaften. Die rechte Seite von (D) sagt, daß ein Ding x existiert (daß es x gibt) und gebraucht deshalb den Begriff, der definiert werden soll. Doch diese offensichtliche Zirkularität wird von den Befürwortern dieser Definition getarnt, denn die verwenden den Existenzquantor und schreiben:

(D') ‚a existiert' bedeutet ‚Es gibt einige (mindestens ein) Dinge, von denen gilt: x = a'.

Die Redewendung ‚einige (mindestens ein) Dinge' wird als Existenzquantor bezeichnet und üblicherweise durch ($\exists$x) symbolisiert. Die Formulierung (D') bezieht sich somit nicht länger auf Existenz, um Existenz zu definieren, oder zumindest scheint es so auf den ersten Blick. Doch dieser Anschein ist irreführend. Es ist klar, daß der Begriff *einige* bzw. ‚mindestens ein' nicht Existenz beinhaltet. Einige hat so wenig mit Existenz zu tun wie *alle* oder *vier*. Aber der Begriff eines Dinges in (D') ist schwanger mit Existenz. Denn nehmen wir an, daß wir die Variable im Sinne von ‚Ding, unabhängig davon, ob es existiert oder nicht', gebrauchen, d.h., daß wir es im Sinne von ‚Objekt' gebrauchen. Dann ist (D') nicht im Sinne einer Existenzdefinition zu gebrauchen: wenn das Ding, das mit a identisch ist, existieren kann oder auch nicht, dann folgt nicht, daß a existiert, nur weil es mit x identisch ist. Die Variable muß sich auf Existierendes erstrecken und nur auf Existierendes. Aus (D') muß deshalb werden:

(D'') ‚a existiert' bedeutet ‚Es gibt einige Existierende (Entitäten), von denen gilt: x = a, und so ist erneut offensichtlich, daß (D'') zirkulär ist.

Die Natur der Existenz

Um die Natur der Existenz zu verstehen, müssen wir voll und ganz begreifen, daß es irreduzible quantifizierte Tatsachen gibt. Diese quantifizierten Tatsachen enthalten sogenannte Variablen (unter einer Variablen verstehe ich das, was ein bestimmter Ausdruck wie ‚x' oder ‚f' repräsentiert; ich meine damit nicht den Ausdruck selbst. Dies ist von erheblicher Wichtigkeit und muß für die weitere Diskussion festgehalten werden). *Existenz liegt in den Variablen.*

Nach Freges brillanter Analyse hat die Tatsache, die durch den Satz ‚Alle Menschen sind sterblich' ausgedrückt wird, die folgende Form:

(1) Für alle Dinge gilt: wenn etwas (ein Ding) ein Mensch ist, dann ist es sterblich.

Der Begriff eines Dinges in diesem Zusammenhang ist der Begriff einer Entität, oder synonym, eines *Existierenden*. Daher ist (1) dasselbe wie:

(2) ‚Für alle Entitäten (Existierende) gilt: wenn eine *Entität* ein Mensch ist, dann ist sie sterblich.'

Wie ich bereits früher herausgestellt habe, ist *alle* der Quantor dieser Tatsache; *gilt* ist die einheitliche Relation oder der Nexus, der für alle quantifizierten Tatsachen charakterisierend ist; *wenn-dann* ist eine Relation zwischen Sachverhalten (ein ‚Verbinder'); das *ist* von ‚ist ein Mensch' ist der Nexus der Exemplifikation; Mensch und sterblich sind die jeweiligen Eigenschaften; und letztendlich ist Entität das, was in der Weise der Existenz in der Welt ist. Existenz erscheint in der Welt in Form der Variable *Entität*, wie ich bereits kurz zuvor sagte.

In der Logik ist die Verwendung einer Vielzahl von Variablenausdrücken üblich und daher von Variablen: es gibt Individuenvariable, Eigenschaftsvariable, Relationsvariable usw. Überdies unterscheiden die meisten logischen Systeme, da sie eine Version der Typentheorie verwenden, auch zwischen verschiedenen Stufen von Ausdrücken für Eigenschaftsvariable. Um ein einfaches Beispiel zu geben, nehmen wir an, daß Olivgrün die Eigenschaft eines individuellen Dinges ist. Der Variableausdruck ‚f^1' erstrecke sich über Eigenschaften dieser Art, während der Ausdruck ‚f^2' sich über Eigenschaften von solchen Eigenschaften erstreckt, z.B. über die Eigenschaft, eine Farbe zu sein, d.h., er erstreckt sich über eine Eigenschaft, die die Farbe olivgrün exemplifiziert. Man kann nun auf alle diese unterschiedlichen Variableausdrücke verzichten zugunsten eines einzigen Ausdrucks, nämlich des Ausdrucks ‚e', der als Ausdruck verwendet wird, um die Entität ‚Entität' zu repräsentieren. Die Tatsache z.B. daß einige (mindestens eine) Eigenschaften exemplifiziert sind, wird üblicherweise repräsentiert durch den folgenden Satz:

(3) ‚Für irgendeine Eigenschaft gilt: für irgendeine Entität gilt: sie exemplifiziert eine Eigenschaft.'

Hier ist das Wort ‚Eigenschaft' ein Variableausdruck. Nach unserer Analyse wird dieselbe Tatsache verständlicher repräsentiert durch:

(4) ‚Für irgendeine Entität gilt: sie ist eine Eigenschaft, und für irgendeine Entität gilt: sie exemplifiziert eine Eigenschaft.'

Das Beispiel zeigt nicht nur, wie sich die Eigenschaftsvariable in die Entitätsvariable und die Eigenschaft, eine Eigenschaft zu sein, auflöst, sie macht auch auf einen weiteren, sehr wichtigen Punkt aufmerksam. Anstelle der zwei letzten Worte von (4) könnte eine weiteres ‚sie' stehen, so daß die Formel lautet: ‚Sie exemplifiziert sie'. Hier muß das erste ‚sie' vom zweiten unterschieden werden, denn das erste bezieht sich zurück zu der Entität, die die Eigenschaft hat, während das zweite ‚sie' sich auf die Eigenschaft bezieht, die exemplifiziert wird. Wir müssen daher zwischen zwei Variableausdrücken und den zwei Variablen unterscheiden und ein Suffix zu dem Ausdruck hinzufügen:

(5) Für irgendeine Entität e_1 gilt: e_1 ist eine Eigenschaft, und für irgendeine Entität e_2 gilt: e_2 exemplifiziert e_1.'

Während es nur eine Art von Existenz gibt, eine Art von Variable, ist die Existenz über ‚viele Teile', über gewisse quantifizierte Tatsachen verstreut. Dies ist eines der einheitlichen Merkmale der Existenz, ein Merkmal, auf das wir später zurückkommen werden.

Nach unserer Analyse quantifizierter Tatsachen wird in jeder derartigen Tatsache etwas der Variable *Entität* zugeschrieben. In der Tatsache (2) bestehen die Eigenschaft, ein Mensch zu sein, und die Eigenschaft, sterblich zu sein, zusammen mit *Entität*, während in (5) die Eigenschaft, eine Eigenschaft zu sein, und der Nexus der Exemplifikation zusammen mit *Entität* bestehen. Andererseits wird die Variablen *Entität* niemals irgend etwas zugeschrieben. Dies folgt, und das möchte ich hier besonders betonen, aus der Struktur der quantifizierten Tatsachen und wirft ein Licht auf die Natur der Existenz. Wie wir noch sehen werden, ist Existenz das letzte, zugrundeliegende Subjekt aller Zuschreibungen. Sie ist keine Eigenschaft von irgend etwas. Sie ‚steht unter' allen Attributen der Welt. In einem Slogan gesagt: *Existenz ist das Substratum der Welt*. (Es wäre interessant, die Ähnlichkeit zwischen unserer Auffassung über die Natur der Existenz und Spinozas Auffassung der Substanz zu untersuchen).

Es gibt eine offensichtliche Ähnlichkeit zwischen unserer Konzeption der Existenz und dem aristotelischen Begriff der Materie. In der Tradition wurde die Materie häufig als eine Art von ungeformtem, unartikuliertem Stoff gedacht. Die individuellen Dinge der Welt werden geformt, wenn gewisse Eigenschaften diesen undifferenzierten Stoff ‚informieren'. Ein Elefant z.B. besteht aus Stoff (Materie) und der Wesenseigenschaft des Elefantenseins, während eine Maus auch aus Stoff besteht, aber in der Verbindung mit dem Maussein. Existenz verhält sich in einer ähnlichen Weise. Ein Elefant ist ein ‚Existenzklumpen', der alle Arten von Eigenschaften hat: Er ist eine raumzeitliche *Struktur*, er hat eine gewisse *Farbe* und die Eigenschaft, ein *Elefant* zu sein. Die Maus teilt einige dieser Eigenschaften mit dem Elefanten. Sie ist z.B. auch eine raumzeitliche Struktur. Doch sie hat auch Eigenschaften, die der Elefant nicht hat, z.B. hat sie die Eigenschaft, eine Maus zu sein. Wenn wir uns eine kleine poetische Freiheit erlauben, könnten wir sagen, daß Existenz die ‚Materie' oder der ‚Stoff' der Welt ist. Nach unserer ontologischen Auffassung existiert ein physikalisches Universum ebenso wie eine Welt. *Die ‚Materie' des physikalischen Universums ist nicht die ‚Materie' der Welt. Während die erstere aus den letzten Bausteinen besteht, die die Physiker entdeckt haben, ist die letztere die Entität des Ontologen.*

Im Gegensatz zu Frege und Russell habe ich zuvor dargelegt, daß es durchaus sinnvoll ist, von einem Individuum wie Cäsar zu sagen, daß er existiert. Aber in dem Satz ‚Cäsar existiert' funktioniert das Wort ein wenig wie ein Prädikat. Ich sage ‚ein wenig', weil es einen Unterschied gibt, einen Unterschied, den ich aufgedeckt habe: es gibt keinen Hinweis auf die Exemplifikation. ‚Cäsar existiert' ist in dieser Hinsicht völlig verschieden von ‚Cäsar *ist* der Eroberer von Gallien'. Natürlich paßt dies sehr gut zu unserer Überzeugung, daß Existenz keine Eigenschaft ist und deshalb nicht exemplifiziert werden kann. Doch bleibt die Tatsache bestehen, daß in ‚Cäsar existiert' Existenz irgendwie mit Cäsar verbunden ist, und wir müssen nun fragen, wie diese Verbindung von unserem Standpunkt aus, daß Existenz die Variable *Entität* ist, erscheint. Ich denke, daß ‚Cäsar existiert' bedeutet, daß er ein Existierender ist. Wir wollen ein wenig pedantischer sein und diese Frage im Detail klarmachen:

(6) ‚Cäsar existiert'

repräsentiert die gleiche Tatsache wie

(7) ‚Cäsar ist ein Existierender.'

Doch bezeichnet hier das ‚ist' nicht die Exemplifikation, sondern es repräsentiert Identität:

(8) ‚Irgendein (mindestens ein) Existierendes ist identisch mit Cäsar.'

Mit dem Variableausdruck ‚e' geschrieben:

(9) ‚Für irgendein e gilt: e = Cäsar.

Dies ist die klarste Art, die Tatsache, daß Cäsar existiert, darzustellen. Nehmen wir an, ‚A' ist der Name irgendeiner Entität. Die Tatsache, daß A existiert, hat die Form:

(10) Für irgendein e gilt: e = A,

oder kurz, in deutsch: *A ist ein Existierendes.*

Man beachte, daß (10) ein verwandtes Definiens der versuchten Existenzdefinition mit Hilfe des ‚Existenzquantors' ist. Oder besser, es wäre das Definiens, wenn gewisse Konfusionen beseitigt würden. Was ist aber dann der Unterschied zwischen unserer Auffassung und der Auffassung, die die Definition ausdrückt? Es muß sehr klar betont werden, daß wir nicht versuchen, Existenz zu definieren, und daß im Besonderen (10) nicht als Definiens von irgend etwas gedacht ist. Wir behaupten nicht, daß Existenz auf irgendeine Weise mit Hilfe einer anderen Entität oder eines anderen Begriffs eliminiert werden kann. Ganz im Gegenteil behaupten wir, daß sie ein irreduzibler Teil der Welt ist. Was mit (10) vorgeschlagen wird, ist nicht eine Definition der Existenz, sondern der Aufweis der Struktur gewisser Existenztatsachen.

Existenz ist, wie ich betont habe, keine Eigenschaft (noch gehört sie zu irgendeiner anderen Kategorie). Existenz ist viel enger mit dem Existierenden verbunden als eine Eigenschaft mit dem, vom dem sie exemplifiziert wird. Sie steht dem Ding, das existiert, nicht gegenüber wie eine Eigenschaft. Unsere Erklärung der Existenz verdeutlicht diesen Eindruck. Existenz ist nichts, nicht etwas ‚außerhalb' des Dinges, nicht etwas, ‚das dem Ding von außen hinzugefügt wird', sondern sie ist das Ding selbst. Sie ist mit dem Ding auf die engste Weise, als identisch mit dem Ding, verbunden. Doch an dieser Stelle nehmen wir uns einige Freiheiten mit den Worten und Ausdrücken in der Hoffnung, daß die Sonderbarkeit und Rätselhaftigkeit der Existenz sichtbar wird. Denn es ist natürlich nicht wahr, daß ein Ding mit der Existenz identisch ist, mit der Entität *Entität*. Wenn dies der Fall wäre, dann würde unmittelbar folgen, daß alle Entitäten miteinander identisch wären, so daß die Welt in ein einziges *Absolutes* zusammenfallen würde. Jedes Ding ist identisch mit *einem* Existierenden, nicht mit der Existenz als solcher. Jedes Ding ist identisch mit *einer* Entität, nicht mit der Entität *Entität*.

Der letzte Gedanke erinnert uns an ein anderes verwandtes Thema, ein Thema, welches häufig von Existentialisten diskutiert wurde. Jedes Ding ist identisch mit einer Entität. Seine Existenz besteht darin, eine Entität zu sein (mit einer Entität identisch zu sein). Doch dies bedeutet, daß jedes Ding seine eigene Existenz hat, daß jedes Ding ein kleines Stück Existenz ist. Auch hier verspricht unsere Entdeckung, daß Existenz in der Variable *Entität* wohnt, die Problematik zu erhellen: die Beziehung zwischen Existenz und den verschiedenen Existierenden ist eine Beziehung zwischen der Entität *Entität* und den verschiedenen ‚Instanzen' dieser Variable. Es ist die Beziehung zwischen e einerseits, und e_1, e_2, e_3, etc., die als Konstituenten quantifizierter Tatsachen bestehen.

Alles existiert. Wenn alles existiert, dann muß auch die Existenz existieren. Wenn Existenz nicht existiert, wie könnte dann irgend etwas anderes existieren? Ich kann nicht verstehen, wie irgend etwas dieses ‚Merkmal' der Existenz haben kann, was auch immer es sein mag, wenn nicht dieses ‚Merkmal' an der ersten Stelle steht (Butchvarov behauptet jedoch, daß Existenz nicht selbst eine Konstituente der Welt sein kann; vgl. Butchvarov 1979: 110). Wie wird aber dann in unserer Theorie die Tatsache, daß Existenz existiert, sichtbar? Wenn man von einem bestimmten Ding a sagt, daß es existiert, dann sagt man, wie wir oft gesehen haben, daß a mit einem Existierenden identisch ist. Ganz ähnlich behauptet man, wenn man sagt, daß Existenz existiert, daß ein Existierendes mit einem Existierenden identisch ist:

(11) Für irgendein e gilt: $e = e$

Aber (11) behauptet, daß irgendeine Entität selbstidentisch ist. Wenn man demnach behauptet, daß Existenz existiert, so bedeutet dies nach unserer Auffassung nichts anderes, als daß ein Existierendes mit sich selbst identisch ist. Kann dies tatsächlich die Bedeutung eines Existenzurteils sein?

Ich glaube, daß wir zu dieser Auffassung genötigt werden durch die Entdeckung, daß Existenz die Variable Entität ist, denn ich sehe nicht, wie man sonst die Tatsache analysieren sollte, daß die Variable existiert (wenn Existenz eine Eigenschaft wäre, dann wäre die Tatsache, daß Existenz existiert, schlicht die Tatsache, daß Existenz wie jede andere Entität die Eigenschaft der Existenz hätte). Doch gebe ich ohne weiteres zu, daß unsere Intuition hier rebellieren möchte, und so könnte man an diesem Punkt versucht sein, meine bevorzugte philosophische Medizin, den *Modus tollens*, anzuwenden. Wenn meine Auffassung zu der Schlußfolgerung führen sollte, daß die Tatsache, daß Existenz existiert, nichts anderes als die Tatsache ist, daß ein Existierendes selbstidentisch ist, so könnte man einwenden, dann muß meine Auffassung falsch sein: Existenz ist nicht die Variable Entität. Im Angesicht dieses Einwandes kann ich nur dazu aufrufen, die verschiedenen Auffassungen über die Natur der Existenz zu vergleichen und sie gegeneinander abzuwägen.

Früher bedachten wir Freges Auffassung, daß Existenz nichts anderes als Selbstidentität ist. Es ist wichtig, daß wir klar zwischen Freges Auffassung und der Auffassung, die ich soeben herausgestellt habe, unterscheiden. Wenn man nach Frege behauptet, daß a existiert, dann sagt man damit, daß a selbstidentisch ist. Doch dies ist nicht unsere Analyse: Wenn man sagt, daß a existiert, dann sagt man, daß a ein Existierendes ist. Existenz ist jedoch nicht selbst ein Ding unter anderen. Es ist vielmehr ein sonderbares Ding; viele Philosophen haben nicht einmal davon geträumt. Und für dieses sonderbare Ding ist Freges Auffassung allerdings wahr: wenn man behauptet, daß Existenz existiert, dann bedeutet dies, daß sie selbstidentisch ist.

Mit dieser Schlußfolgerung möchte ich einige Parallelen zwischen meiner Auffassung und verschiedenen Themen der traditionellen Philosophie herausstellen. Zunächst widerspricht unsere Analyse deutlich der Auffassung, die im ontologischen Gottesbeweis enthalten ist, daß Existenz eine Vollkommenheit ist, d.h., eine Eigenschaften einer besonderen Art. Sie stimmt hingegen mit Kants Auffassung überein, daß Existenz keine Eigenschaft ist, eine Auffassung, die von gegenwärtigen Philosophen häufig wiederholt wird. Weiterhin gibt es den traditionellen Argwohn, daß Existenz deshalb keine Eigenschaft sein kann, weil sie viel enger mit dem Ding verbunden ist als eine Eigenschaft. Existenz, so sagt man, *ist* das Ding selbst. Unsere Auffassung faßt diese Intuition genauer. Die Existenz eines Dinges ist tatsächlich das Ding selbst. Die Tatsache, daß ein Ding a existiert, ist die Tatsache, daß a dasselbe ist wie seine Existenz. Drittens berührte unsere Erklärung der Existenz die sehr weitgehend akzeptierte ‚Definition' der Existenz in Begriffen des sogenannten Existenzquantors. Die Behauptung, daß a existiert, sagt demnach nichts anderes, als daß ein Existierendes mit a identisch ist. Doch ist in dieser letzteren Tatsache die Existenz nicht durch den Existenzquantor eliminiert. Genau genommen gibt es kein Ding wie einen Existenzquantor. Der Quantor ist in diesem Fall *einige* (mindestens eins), und einige hat so viel mit Existenz zu tun wie *alle* oder *keiner*. In der Tatsache, daß a mit einem Existierenden identisch ist, erscheint Existenz in der Variable *Existierendes*. Und diese Variable, um es erneut klar zu sagen, ist nicht Teil des Quantors. Viertens findet Freges Behauptung, daß Existenz nichts anderes ist als Selbstidentität, ihren Niederschlag in unserer Analyse der Tatsache, daß Existenz existiert. Freges Auffassung ist falsch in Bezug zu gewöhnlichen Dingen: von einem Ding a zu sagen, daß es existiert, bedeutet nicht, daß es selbstidentisch ist. Doch es ist wahr für die Existenz selbst: Von der Existenz zu sagen, daß sie existiert, bedeutet, daß ein Existierendes selbstidentisch ist, oder, vielleicht besser gesagt, daß ein Existierendes mit einem Existierenden identisch ist. Fünftens gibt es da noch die orakelhafte Heideggersche Verkündigung, daß Existenz immer individuiert ist, daß sie sozusagen in Stückchen und Teilchen kommt. Cäsars Existenz ist seine Existenz, und Brutus' Existenz ist seine Existenz, und Cäsars Existenz unterscheidet sich von Brutus' Existenz. Ich glaube, daß sich diese Idee der Existenz in der Tatsache widerspiegelt, daß die Variable Existenz sich in viele Teile aufspaltet:

(12) Für irgendein e_1 gilt: e_1 = Cäsar; für irgendein e_2 gilt: e_2 = Brutus; und e_1 ist nicht identisch mit e_2.

Die Variable Objekt

Einige Dinge existieren nicht: Der Nikolaus existiert nicht, und Einhörner existieren ebenfalls nicht. Wir können diese Tatsachen nicht bestreiten, oder sagen, daß solche Behauptungen unsinnig sind. Anderseits können wir die Variable *Ding(e)* nicht so behandeln, als ob es die Variable *Entität* (Existierendes) wäre, denn dann ergäbe sich der Fehler, daß einige Entitäten nicht existieren (daß einige Existierende nicht existieren). Genauer gesagt, ergäbe sich dann das, was folgendermaßen repräsentiert wird:

(1) ‚Für einige Entitäten e gilt: e ist nicht identisch mit e'

Doch (1) ist eindeutig falsch, während unsere ursprüngliche Behauptung wahr ist.

Wenn wir nun behaupten, daß einige Dinge nicht existieren, dann möchten wir damit ganz offensichtlich nicht sagen, daß einige Existierende nicht existieren. Was wir uns dabei denken ist vielmehr, daß gewisse Objekte unseres Denkens, Vorstellens, Glaubens usw. nicht existieren. Ähnlich ist es, wenn wir sagen, daß einige Dinge existieren, denn dann möchten wir nicht die Binsenwahrheit ausdrücken, daß einige Existierende existieren, sondern wir möchten zum Ausdruck bringen, daß einige Objekte unseres Geistes existieren. Deshalb gibt es zusätzlich zu der Variable *Entität* die Variable *Objekt*. Und ebenso wie eine Entität sein oder ein Existierendes sein keine Eigenschaft ist, so ist auch ein Objekt zu sein, etwas Vorgestelltes zu sein, keine Eigenschaft. Wenn man sagt, daß etwas ein Objekt ist, dann spricht man diesem Etwas weder eine Eigenschaft, noch eine kategoriale Bestimmung zu. Vielmehr sagt man damit, daß dieses Etwas in einer bestimmten Beziehung zum Geist steht. Betrachten wir diese Situation etwas genauer, um den Unterschied zwischen dem Begriff eines Objekts und dem der Existenz etwas besser zu verstehen.

Erinnern wir uns, daß ich an die beiden folgenden ontologischen Gesetze glaube:

(L_1) Dinge, die nicht existieren, haben keine Eigenschaften.
(L_2) Dinge, die nicht existieren, können nicht mit irgend etwas identisch sein.

Aus diesen beiden Gesetzen folgt:

> (i) Ein Objekt zu sein kann nicht die Eigenschaft von irgend etwas sein.
> (ii) Ein Objekt zu sein kann nicht dasselbe sein, wie mit einem Objekt identisch zu sein.

Wenn ein Objekt zu sein eine Eigenschaft wäre, dann würde folgen, daß der Nikolaus diese Eigenschaft hat, weil er ein Objekt unseres Vorstellens oder Denkens ist. Doch dann würde folgen, daß er existiert, denn jegliches, das eine Eigenschaft hat, existiert *ipso facto*. Anderersetis kann ein Objekt zu sein nicht dasselbe sein wie ein Existierendes. Denn ein Existierendes zu sein heißt, identisch mit einem Existierenden zu sein. Daher müßte Objektsein dasselbe wie identisch mit einem Objekt Sein bedeuten. Wenn wir beispielsweise das Objektsein in Analogie zu ein Existierendes Sein konstruieren, dann wäre die Tatsache, daß der Nikolaus ein Objekt ist:

> (2) Es gibt ein Objekt o, von dem gilt: o = der Nikolaus

Aber in (2) ist der Nikolaus mit irgend etwas identisch und so würde, entsprechend dem ontologischen Gesetzes (L_2) folgen, daß er existieren muß. Wie können wir aber dann die Behauptung verstehen, daß der Nikolaus lediglich ein Objekt unserer Vorstellung ist?

Bedenken wir z.B. die falsche Annahme, daß Toronto die Hauptstadt von Kanada ist. Daß Toronto die Hauptstadt von Kanada ist, ist keine Tatsache; es ist kein Sachverhalt, der existiert, sondern *lediglich* ein Sachverhalt. Das, was vor unserem Geist ist, existiert nicht: es ist bloß ein Objekt unseres Denkens. Aber ein Objekt des Geistes zu sein, das Objekt eines mentalen Aktes zu sein, bedeutet mit dem Geist, mit einem mentalen Akt durch den intentionalen Nexus verbunden zu sein. Diese Beziehung ist abnormal, wie ich früher dargelegt habe: Es ist eine der sehr wenigen Relationen, die bestehen können, auch wenn eines der Relata nicht existiert. Um es genauer zu sagen: Wenn etwas in einer intentionalen Relation zu etwas anderem steht, dann folgt daraus nicht, daß es existiert. Der Sachverhalt, daß Toronto die Hauptstadt von Kanada ist, existiert nicht. Weil dieser Sachverhalt nicht existiert, kann er, nach dem Gesetz (L_2), keine Eigenschaften haben. Auch kann er nach (L_2) nicht mit irgend etwas identisch sein. Er kann aber, wie wir sehen, in einer intentionalen

Beziehung zu etwas stehen (nämlich zu einem mentalen Akt des Glaubens). Und es ist diese Tatsache, die Tatsache, daß ein nicht existierender Sachverhalt in einer intentionalen Beziehung zu etwas stehen kann, das den Begriff des Objekts konstituiert. Der Begriff eines Objekts ist der Begriff von dem, was in einer intentionalen Beziehung zum Geist stehen kann. Wenn man daher sagt, daß etwas ein Objekt ist, dann bedeutet dies weder, daß man eine Eigenschaft zuspricht, noch, daß man es mit etwas als identisch setzt, sondern man behauptet damit, daß es in einer intentionalen Beziehung zum Geist steht.

Der Nikolaus ist ein Objekt, obgleich er keine Entität ist. Dies bedeutet, wie wir jetzt sehen, daß er nicht mit einer Entität identisch ist, sondern daß er in der intentionalen Relation zum Geist steht. Um es noch klarer zu sagen: die Tatsache, daß der Nikolaus ein Objekt ist, ist die Tatsache:

(3) Es gibt eine Entität e, von der gilt: e ist ein mentaler Akt, und e intendiert den Nikolaus.

Die Angelegenheit wird noch etwas komplizierter, wenn wir annehmen, daß alle mentalen Akte propositional sind, d.h., daß sie Sachverhalte intendieren und nicht andere Arten von Dingen. In diesem Fall kann der Nikolaus nicht das Objekt eines mentalen Aktes sein, sondern er kann nur als Teil dessen vorkommen, was Objekt eines mentalen Aktes ist, nämlich als Teil eines Sachverhaltes. Doch ich erkenne kein wirkliches Problem für unsere Auffassung, wenn wir diese Annahme machen.

Die Diskussion hat ein wenig Licht auf den Begriff eines Sachverhalts geworfen, einen Begriff, den wir bisher etwas frei gebrauchten. Ein Sachverhalt ist Objekt des Denkens einer bestimmten Art. Er ist von der Art, daß er dann, wenn er existiert, eine Tatsache ist und dann, wenn er nicht existiert, eine Tatsache wäre, wenn er existieren würde. Alle Probleme, die wir im Zusammenhang mit dem Begriff eines Objektes aufgedeckt haben, sind bereits im Begriff des Sachverhalts enthalten. Im besonderen kann ein Sachverhalt nicht die Eigenschaft von etwas sein, denn wäre es anders, dann würde nach unserer Auffassung folgen, daß der Sachverhalt, daß Toronto die Hauptstadt von Kanada ist, existiert, weil es ein Sachverhalt ist. Doch dies würde bedeuten, daß es eine Tatsache ist, daß Toronto die Hauptstadt von Kanada ist.

Wir haben nun gesehen, was es bedeutet, wenn man sagt, daß der Nikolaus ein Objekt des Geistes ist. Was ist aber mit der Behauptung, daß einige Dinge existieren und andere nicht? Wir haben bereits entschieden, daß die Variable hier nicht *Entität* sein kann, sondern *Objekt* sein muß. Doch was ist, genau gesagt, die Tatsache, daß einige Objekte existieren (oder daß einige Objekte nicht existieren)? Offensichtlich kann dies nicht heißen:

(4) Für einige Entitäten e gilt: e ist ein Objekt und e = e.

Denn (4) besagt, daß einige Existierende Objekte sind, anstatt daß einige Objekte Existierende sind. Unser Problem wird vielleicht etwas transparenter, wenn wir uns der Behauptung zuwenden, daß einige Objekte nicht existieren. Dies kann nicht meinen:

(5) Für einige Entitäten e gilt: e ist ein Objekt, und e ist nicht identisch mit e.

Vielmehr muß es heißen:

(6) Für einige Objekte o gilt: o ist nicht identisch mit irgendeinem e,

oder etwas länger:

(7) Für einige Objekte o gilt: für keine Entität e gilt: e = o

Was diese Analyse meiner Meinung nach deutlich macht, ist, daß wir nicht ohne die Variable *Objekt* auskommen, wie wir ohne die Variablen *Individuum* oder *Relation* auskommen. Über Individuen oder Relationen zu sprechen ist nichts anderes, als über Entitäten zu reden, die Individuen oder Relationen sind. Es bedeutet, über Entitäten zu reden, die diese *Eigenschaften* haben. Doch über Objekte zu reden bedeutet nicht über Entitäten zu reden, die die Eigenschaft, ein Objekt zu sein, haben. Es bedeutet auch nicht, über Entitäten zu sprechen, die in der intentionalen Relation zu etwas stehen. Die Variable *Objekt*, ebenso wie die Variable *Entität*, zerfällt nicht in viele Teile: eine andere Variable und irgendein Attribut.

Was ist ein Objekt? Ein Objekt ist jedes Ding, das in einer intentionalen Relation zum Geist, bzw. zu einem mentalen Akt steht. Wir wissen nun zwar, was ein Objekt ist, doch dürfen wir nicht fälschlicherweise meinen, wir hätten den Begriff eines Objekts durch einen anderen Begriff ‚definiert'. Wir haben lediglich erklärt, was wir mit dem üblichen Wort ‚Objekt' in unserem philosophischen Zusammenhang meinen. Daß wir den Begriff nicht ‚definiert' haben, läßt sich am besten daran erkennen, daß wir in unserer Erklärung von dem Begriff des Objekts Gebrauch gemacht haben: ein *Objekt* ist jegliches *Ding*, das in einer intentionalen Relation zum Geist steht. Das Wort ‚Ding' kann hier nicht *Existierendes* repräsentieren, sondern muß *Objekt* bedeuten: ein Objekt ist irgendein *Objekt*, das in einer intentionalen Relation zum Geist steht. Wie bei der Existenz kann man die Variable Objekt nicht eliminieren. Somit umfaßt unsere Ontologie zwei letzte Variablen.

Negative Existenzen

Die Aussage, daß Cäsar existiert, bedeutet, daß Cäsar ein Existierender ist (mit einem Existierenden identisch ist). Wenn man sagt, daß der Nikolaus nicht existiert, dann behauptet man, daß der Nikolaus nicht existiert (nicht mit einem Existierenden identisch ist). Doch zusätzlich zu diesen Existenztatsachen gibt es noch eine weitere Art von Tatsachen, die Kennzeichnungen enthält.
Vergleichen wir die beiden folgenden Tatsachen:

(1) Cäsar überquerte den Rubicon;
(2) Der römische General, der Gallien eroberte, überquerte den Rubicon.

Die wichtigste philosophische Einsicht der letzten einhundert Jahre besteht darin, daß man erkannte, daß diese beiden Tatsachen eine vollkommen unterschiedliche Struktur haben. (Leider wurde diese Einsicht nicht allgemein akzeptiert). Grob gesagt ist (2) eine quantifizierte Tatsache, während dies nicht für (1) gilt. Die Tatsache (1) handelt davon, daß Cäsar eine bestimmte Charakteristik hat (er steht in einer bestimmten Relation zu einem Fluß), während (2) von jemandem (einer Person) handelt, der eine gewisse Eigenschaft besitzt und ebenfalls diese Charakteristik hat. Etwas genauer ausgedrückt hat (1) die Form:

(3) Cr(C, R),

wobei ‚Cr' für die Relation überqueren steht, ‚C' ist die Abkürzung für ‚Cäsar', und ‚R' steht für ‚Rubicon', so daß (3) sagt, daß Cäsar in einer bestimmten Beziehung zum Rubicon steht. (Wir könnten auch ein Beispiel verwenden, das Cäsar eine bestimmte Eigenschaft zuspricht). Die Tatsache (2) hat folgende Form:

(4) Es gibt ein e, von dem gilt: e ist ein römischer General, der Gallien eroberte, und von diesem e gilt: Cr(e, R).

Nach dieser Art der Analyse sind alle Tatsachen, die bestimmte Beschreibungen beinhalten, quantifizierte Tatsachen, und wir müssen immer unterscheiden zwischen einer Tatsache dieser Art:

(5) a ist G

und der entsprechenden Tatsache:

(6) Das F ist G,

auch wenn a F ist. Wie ich kurz zuvor sagte, sind Tatsachen wie (6) quantifiziert, während Tatsachen wie (5) dies nicht sind.

Ein anderer Weg, um den Unterschied zu betonen, besteht darin, herauszustellen, daß (5) als eine Konstituente a enthält, während dies nicht für (6) zutrifft. Anstelle von a enthält (6) eine *Beschreibung* von a (die von dem *Ausdruck der Beschreibung* unterschieden werden muß). a wird als ein Ding beschrieben, das F ist. Daher enthält (6) den Quantor *das*, die Variable *Entität*, den Verbinder der *Exemplifikation* und die Eigenschaft F, doch (6) enthält nicht a. Obgleich der Unterschied zwischen (5) und (6) so offensichtlich ist, gibt es ein philosophisches Problem, das ständig diese Klarheit trübt. Dieses Problem ist epistemologischer Natur und dreht sich um die Frage, ob ein Geist durch bloßes Denken, im Gegensatz zur Wahrnehmung, Sachverhalte der Form von (5) begreifen kann. Wenn man z.B. denkt, daß Cäsar ein römischer General war, hat man dann eine

Tatsache vor dem Geist, die buchstäblich Cäsar enthält, oder denkt man ihn durch die Bedeutung einer Beschreibung, so daß man tatsächlich einen Sachverhalt vor sich hat, der nicht Cäsar, sondern lediglich eine Beschreibung von Cäsar enthält? Es ist wahr, daß man wirklich das Wort ‚Cäsar' gebraucht, wenn man über das spricht, was man denkt, doch was vor dem Geist ist, nach dieser letzteren Möglichkeit, ist nicht Cäsar, sondern eine Beschreibung von Cäsar. Ich denke, daß dies eine sehr wichtige erkenntnistheoretische Frage ist, und ebenso denke ich, daß ein großer Teil der gegenwärtigen Philosophie sich um diese Frage dreht. Doch wir können die Frage hier nicht im Detail diskutieren. Glücklicherweise ist es jedoch möglich, das epistemologische Problem vom ontologischen Rahmen abzutrennen. Während es umstritten ist, ob bestimmte Sachverhalte in gewissen Situationen vor dem Geist sein können, ist es unstrittig, daß Tatsachen wie (5) sich strukturell von Tatsachen wie (6) unterscheiden.

Wenn es aber diese Unterscheidung gibt, dann müssen wir unterscheiden zwischen:

(7) Cäsar existiert,

und

(8) Der römische General, der Gallien eroberte, existiert.

Die Tatsache (7) behauptet, daß Cäsar existiert, während (8) komplizierter ist. Sie behauptet, daß *das Ding*, das ein römischer General ist, der Gallien eroberte, eine Entität ist. Das Problem betrifft den Status des *Dings* in Tatsache (8): Ist es die Variable *Entität,* oder ist es die Variable *Objekt*? Und das Problem erscheint in seiner ganzen Schwierigkeit, sobald wir uns negativen Existenztatsachen zuwenden.

Bedenken wir die Tatsache:

(9) Der goldene Berg existiert nicht.

Wenn wir dies gleich behandeln wie die Tatsache:

(10) Das Ding, das ein goldener Berg ist, ist kein Existierendes,

erkennen wir zwei Probleme: Zuerst kann *Ding* hier keine *Entität* bedeuten, denn ansonsten würden wir sagen, daß eine bestimmte Entität keine Entität ist. Und zweitens können wir nicht ernsthaft von einem Ding sagen, daß es die Eigenschaft, ein goldener Berg zu sein, hat, denn ansonsten würde dies, entsprechend einem ontologischen Prinzip, implizieren, daß das Ding, über das wir reden, existiert. Selbst wenn wir daher (10) ersetzen durch:

(11) Das Objekt, das ein goldener Berg ist, ist kein Existierendes,

wird es dadurch nicht richtiger. Ich denke, daß Meinong durch solche Überlegungen dahin geführt wurde, die zu uns gegensätzliche Auffassung zu vertreten, daß auch nichtexistierende Dinge wie der goldene Berg Eigenschaften haben.

Was ist:

(12) Es ist nicht der Fall, daß: genau eine Entität ist ein goldener Berg,

anderes, als eine bloß deutlichere Wiedergabe von (9)? Ich glaube, daß (12) Russells Analyse von (9) ist, und es ist interessant festzuhalten, daß Meinong und andere unermüdlich einwandten, daß, wenn sie (9) behaupteten, sie nicht etwas im Sinne von (12) behaupten wollten. (Russells Aufsatz „On Denoting" in Russell 1956b. Meinongs Einwand findet sich in Meinong 1907). Ich glaube, daß es einen Unterschied gibt zwischen:

(13) Keine Entität ist ein goldener Berg,

und:

(14) Der goldene Berg existiert nicht.

In (13) behaupten wir schlicht und einfach, daß nichts eine bestimmte Eigenschaft hat. In (14) hingegen greifen wir zunächst ein gewisses Ding durch Beschreibung heraus und sagen dann von *diesem* Ding, daß es nicht existiert. Doch kann ich mich nicht davon überzeugen lassen, daß wir in (14) andeuten möchten, daß etwas wirklich die Eigenschaft, ein goldener Berg zu sein, hat. Um es zu wiederholen: nichtexistierende Dinge haben keine Eigenschaften. Wir sind zu dieser Frage kurz zuvor zurückgekehrt. Wir können nicht ernsthaft meinen, daß ein Objekt, *das eine bestimmte Eigenschaft hat*, nicht existiert. Doch wie sonst können wir die Bedeutung von (9) begreifen?

Mir scheint, daß wir durch (9) tatsächlich zuerst ein gewisses Objekt herausgreifen, und dann bestreiten, daß es existiert. Doch dieses ‚herausgreifen' wird nicht vollzogen durch Beschreibung des Dinges als eines solchen, das eine gewisse Eigenschaft hat, die Eigenschaft, ein goldener Berg zu sein, sondern vielmehr dazu, ihm eine völlig andere ‚Charakteristik' zuzuschreiben, nämlich die ‚Charakteristik', als ein goldener Berg vorgestellt zu sein (oder als ein goldener Berg erdacht zu sein). Daher sagt (9) etwas wie dieses:

(15) Das Objekt, das als ein goldener Berg gedacht wird, existiert nicht.

Oder wie dies:

(16) Das Objekt, das als ein goldener Berg erdacht wird, existiert nicht.

Ich sprach von der ‚Charakteristik' erdacht zu sein als ein goldener Berg. Wir wissen, warum diese Vorsicht erforderlich war. Genau genommen gibt es keine solche *Eigenschaft* wie die Eigenschaft, in einer bestimmten Weise erdacht zu sein. Ebenso wie man das Reden über das Objektsein nicht so interpretieren darf, als ob man über etwas spricht, das die Eigenschaft hat, ein Objekt zu sein, so darf man auch das Reden über erdachte, geglaubte oder vorgestellte Dinge nicht so verstehen, als ob man über Eigenschaften spricht, die diese Dinge haben. Und so wie das Reden über das Objektsein nur durch Begriffe des Objektseins für einen Geist erhellt werden kann, so kann auch das Reden über erdachte Dinge nur erklärt werden durch das Denken von Menschen. Es kann folglich nur erhellt werden durch die abnormale intentionale Relation.

KAPITEL V

Das Geheimnis der Welt
Negation

Viel Lärm um Nichts

Seitdem Kierkegaard (1813-55) bekanntgab, daß das Objekt der Angst nichts ist, haben Existentialisten sich mit der Grimmigkeit eines Hundes, der um einen großen Knochen besorgt ist, mit dem Nichts abgequält. vgl. Kierkegaard: Der Begriff der Angst). Bedenken wir, wie Heidegger das Problem bewältigt, Angst sowohl mit Nichts als auch mit dem In-der-Welt-sein zu verbinden. Er behauptet, daß man vor dem In-der-Welt-sein Angst hat, angesichts dieser fundamentalen Existenzweise, die das menschliche Sein charakterisiert (vgl. Martin Heidegger: Sein und Zeit, 184). Um es weniger blumig zu sagen, sind wir ängstlich angesichts unserer ‚intentionalen Weise der Existenz'. Das menschliche Sein und nur das menschliche Sein hat diese Art der Existenz. Doch was ist mit dem Nichts?

Heidegger gelangt von seiner Behauptung, daß man sich angesichts des In-der-Welt-seins ängstigt, zu der Auffassung, daß es Nichts ist, wovor die Angst sich ängstigt, indem er herausstellt, daß das Objekt der Angst, im Unterschied zum Objekt der Furcht, *nichts besonderes* ist. Dieses Nichts-im-besonderen, so behauptet er, gründet in einem Etwas, nämlich einem Etwas, das nichts besonderes ist. Und dieses Etwas, das nichts besonderes ist, ist die Welt als solche. (Natürlich müssen wir hier zwischen Heideggers Verständnis der Welt und unserem Begriff der Welt unterscheiden). Diese Welt durchdringt das Sein der Person als eines In-der-Welt-seins. Daher ist das In-der-Welt-sein das letzte Objekt der Angst. Hier ist die Stelle, wo Heidegger seinen Gedanken ausdrückt:

> Das Nichts von Zuhandenheit gründet im ursprünglichsten ‚Etwas', in der *Welt*. Dieses jedoch gehört ontologisch wesenhaft zum Sein des Daseins als In-der-Welt-sein. Wenn sich demnach als das Wovor der Angst das Nichts, das heißt die Welt als solche, herausstellt, dann

besagt das: *wovor die Angst sich ängstigt, ist das In-der-Welt-sein selbst.* (M. Heidegger: Sein und Zeit, 187)

Zuvor hatte Kierkegaard die Auffassung entwickelt, daß Angst eine wesentliche, wenn nicht *die* wesentliche Stimmung ist, und daß deren Objekt nichts ist (Kierkegaard: Der Begriff der Angst). Seither wurde das Thema des Nichts als eines Objekts der Angst zur Klammer des Existentialismus. Mir scheint jedoch, daß die Auseinandersetzung um dieses Thema mit dünner Luft gesponnen wurde. Indem man von der phänomenologischen Tatsache ausgeht, daß die Angst im Unterschied zur Furcht kein bestimmtes Objekt zu haben scheint, führt man einfach ein Objekt in der Form des ‚Dinges' Nichts ein. (Und damit rechtfertigt man Brentanos These, daß jedes mentale Phänomen ein Objekt hat!) Diese Einführung eines Objekts vollzieht sich etwa nach folgendem Muster:

(i) Angst hat kein Objekt.
(ii) Deshalb ist nichts das Objekt der Angst.
(iii) Daher ist das Objekt der Angst das Nichts.
(iv) Somit ergibt sich, daß Angst schließlich doch ein Objekt hat, nämlich das Nichts.

Doch es ist keine Frage, daß die Angst, die kein Objekt zu haben scheint, in einer weit einfacheren Weise erklärt werden kann. Nach dieser Erklärung ist Angst eine Furcht, deren Objekt verdrängt wurde. Die sich ängstigende Person fürchtet sich, doch sie hat gelernt, sich nicht an das zu erinnern, wovor sie sich fürchtet. (Mehr über diese Freudsche Theorie vgl. Grossmann 1984). Existentialisten unterliegen einem doppelten Mißverständnis: sie erkennen nicht, daß Angst keine Stimmung ist, sondern eine Emotion, und sie realisieren nicht, daß Angst ein ganz gewöhnliches, wenn auch verdrängtes, Objekt hat. Was uns natürlich besonders interessiert ist das angebliche Objekt der Angst, nämlich das Nichts. Daher kehren wir von dem kurzen Ausflug in die Berghänge des Existentialismus zu unserem ernsthaften ontologischen Geschäft zurück.

Die wichtigste vor uns liegende Aufgabe besteht darin, klar zwischen den drei Begriffen des Nichts, der Negation und des Nichtssein zu unterscheiden. Diese Aufgabe ist vordringlich wegen der Verwirrung um diese Begriffe, die durch den Existentialismus entstanden ist. Sartre z.B. behandelt diese drei Begriffe, als seien sie ein und dasselbe, und der gleiche Fehler wird von anderen Philosophen begangen. Wenn wir mit dem Nichts beginnen, so sollte aus unseren früheren Untersuchungen offensichtlich geworden sein, daß Nichts zu solchen Entitäten gehört wie *alle, einige, ein Ding, drei Dinge* usw., d.h., es handelt sich um *Quantoren*, verbunden mit einer *Variablen*. Dies ist offensichtlich, solange wir Sachverhalte betrachten wie:

(1) Alles ist identisch mit sich selbst und mit nichts anderem.
(2) Einige Dinge sind kleiner als das Empire State Building.
(3) Drei Dinge sind mit Gewißheit bekannt.
(4) Nichts ist zur gleichen Zeit sowohl quadratisch als auch nicht quadratisch.

So wie wir früher zwischen den Quantoren jegliches (alles), einige, wenige, drei usw. und der Variable (entweder Entität oder Objekt) unterschieden haben, so können wir jetzt zwischen dem Quantor *kein* und der passenden Variable unterscheiden. Und so wie wir betonten, daß solche Quantoren irreduzible Bestandteile der Welt sind, so behaupten wir jetzt, daß auch *keine* ein solcher Bestandteil der Welt ist. Unter den Dingen, die die Welt bilden, gibt es die Entität *keine (nicht eine)*.

Doch dieser Quantor muß von dem *nicht* der Negation unterschieden werden. Und er muß ebenso vom Nichtsein unterschieden werden. In Kürze werden wir zur Negation zurückkehren. Zuvor möchten wir erneut einen kleinen Ausflug zum Nichtsein machen.

Nichtsein

Nichts gehört zu Etwas und Jegliches. Es ist, um es noch einmal zu sagen, nicht dasselbe wie Nichtsein. Doch was ist das Nichtsein dann? Hegel (1770-1831) behauptete, daß Sein der Anfang der Philosophie ist. Doch dieses Sein ist am Anfang mit Nichtsein verbunden, so daß der Anfang eine Einheit aus Sein und Nichtsein ist. Der Anfang ist daher das Sein, das ein Nichtsein ist, und das Nichtsein, das ein Sein ist:

> Ferner aber ist das, was anfängt, schon; ebensosehr aber *ist* es auch noch *nicht*. Die Entgegengesetzen, Sein und Nichtsein, sind also in

ihm in unmittelbarer Vereinigung; oder es ist ihre *ununterschiedene Einheit.*

Die Analyse des Anfangs gäbe somit den Begriff der Einheit des Seins und des Nichtseins, - oder, in reflektierter Form, der Einheit des Unterschieden- und des Nichtunterschiedenseins – oder der Identität und der Nichtidentität. (Hegel 1832).

Ich glaube, daß man Hegels Auffassung in diese drei Thesen zusammenfassen kann:

(i) Sein und Nichtsein sind zwei Abstraktionen
(ii) Sie sind gleichermaßen fundamental
(iii) Sie stehen in einem dialektischen Gegensatz, so, daß jedes der beiden den Schatten des jeweils anderen in sich trägt.

Ich möchte die erste These nicht diskutieren, aber die zweite und dritte These scheinen mir eindeutig falsch zu sein. Sein, denke ich, ist fundamental: Nichtsein ist aber lediglich die Negation des Seins. Und es kann keine letzte Identität zwischen Sein und Nichtsein bestehen: eine unüberbrückbare Kluft trennt das Sein vom Nichtsein, und niemand wird beiden gleichzeitig begegnen.

Nichtsein ist nach unserer Auffassung ein negiertes Sein. Es besteht aus zwei grundlegenden Bestandteilen: Sein und Negation. Der Unterschied zwischen Sein und Nichtsein ist vergleichbar mit dem Gegensatz zwischen der Eigenschaft, quadratisch zu sein, und der Eigenschaft, nicht quadratisch zu sein. Wir haben es hier nicht wirklich mit zwei einfachen Eigenschaften zu tun, die beide auf der gleichen Grundlage stehen, die beide grundlegend und nicht analysierbar sind. Vielmehr ist nicht-quadratisch zu sein nichts anderes als *nicht* ein *Quadrat* zu sein. Der Satz ‚a ist nicht-quadratisch' repäsentiert einen Sachverhalt, der deutlicher repräsentiert wird durch ‚a ist nicht quadratisch'. Bei jeder gegebenen Eigenschaft können wir immer behaupten, daß etwas diese Eigenschaft nicht hat. Doch wenn man behauptet, daß etwas nicht die Eigenschaft P hat, dann behauptet man nicht, daß es eine andere Eigenschaft, die sogenannte Eigenschaft nicht-P gibt.

Der faszinierendste Teil der Hegelschen Auffassung ist seine Behauptung, daß Sein und Nichtsein letztendlich dasselbe sind: „Der Anfang enthält also das Sein als ein solches, das sich von dem Nichtsein entfernt oder es aufhebt als ein ihm Entgegengesetztes" (Hegel, ibid). (Man beachte, wie *Nichts* von nirgendwo erscheint, als wenn Nichtsein und Nichts dieselbe Sache wären). Wie kommt Hegel zu dieser überraschenden Schlußfolgerung? Vielleicht war das folgende Argument beteiligt. Hegel behauptet, daß Sein vollständig unbestimmt ist; es ist vollständig undifferenziert. Reines Sein, sagt Hegel, kann nicht in sich selbst irgendeine Bestimmung oder einen Inhalt haben. Mir scheint, daß dies bedeutet, daß Sein als Sein keine Eigenschaften hat und in keinen Beziehungen steht. Es ist nicht von anderen ‚Dingen' verschieden, indem es diese oder jene Eigenschaft hat oder indem es mit diesen oder jenen ‚Dingen' durch diese oder jene Relation in Beziehung steht usw. Dies ist nach unserer Auffassung des Seins als der Variable Entität vollkommen wahr. Existenz ist nach unserer Auffassung keine Kategorie: Sie ist weder ein individuelles Ding noch eine Eigenschaft oder eine Relation usw. Doch dies bedeutet, daß Sein keine kategorialen Eigenschaften besitzt. Auch bildet das Sein keine eigene Kategorie. Die Entität *Entität* ist nicht grün, hat keine Form, hat keinen höheren Ton als etwas anderes, sie ist auch nicht zahlenmäßig größer als etwas anderes usw., usf. Kurz gesagt, die Entität *Entität* hat keine Eigenschaft und steht in keinerlei Relation zu anderen Dingen, oder, wie Hegel es sagen würde, sie hat keine Bestimmungen. Doch dies impliziert nach Hegels Argumentationslinie, daß das reine Sein absolut negativ ist, weil es *nicht* dieses, jenes, oder ein anderes ist. Und absolute Negation, so das vollständige Argument, ist nichts, d.h., es ist Nichtsein. Sein und Nichtsein sind deshalb letztendlich ein und dasselbe undifferenzierte Ding.

Doch folgt diese Schlußfolgerung tatsächlich aus der Tatsache, daß die Entität *Entität* keine Eigenschaft hat und in keinen Relationen zu anderen Dingen steht? Ich glaube nicht. Wie gelangt Hegel von der Annahme, daß Sein unbestimmt ist, zu dem Schluß, daß es ein Nichtsein ist? Ich kann mir nur einen plausiblen Schritt denken. Er mag gedacht haben, weil Sein keine Bestimmung hat, kann es auch nicht die Bestimmung des Seins haben. Deshalb kann es nicht sein. Folglich ist es Nichts. Es muß also ein Nichtsein sein. Doch aus der Tatsache, daß Sein unbestimmt ist, folgt nicht, daß es kein Sein haben kann. Obwohl es wahr ist, daß die Entität *Entität* nicht dieses, jenes oder ein anderes ist, folgt daraus nicht, daß sie nicht existiert. Die Entität *Entität* ist, wie ich schon zuvor deutlich betont habe, eine Entität.

Doch was ist mit dem Nichtsein? Existiert es? Hat das Nichtsein Sein? Ist das Nichtsein eine Entität? Es ist eine Tatsache, daß der Nikolaus nicht existiert. Nach unserer Auffassung ist es daher eine Tatsache, daß keine Entität mit dem Nikolaus identisch ist. Es ist m.E. klar, daß diese Tatsache nicht das ‚Merkmal' des Nichtseins enthält. Kein solches ‚Merkmal' wird dem Nikolaus zugesprochen. Vielmehr finden wir den Quantor *nicht* und die Variable *Entität*. Und dies zeigt, daß wir vorsichtig sein müssen, wenn wir behaupten, daß Nichtsein schlicht die Negation des Seins ist. Daß der Nikolaus nicht existiert, ist völlig verschieden von der Tatsache, daß der Mount Everest kein Elefant ist. Im letzten Fall wird die Eigenschaft, ein Elefant zu sein, in Bezug zum Mount Everest negiert. Doch ist Existenz keine Eigenschaft, wie ich betont habe, und kann daher auch bezüglich des Nikolaus nicht negiert werden. Die abgrundtiefe Differenz zwischen den zwei Tatsachen verdanken wir unserer Analyse der Existenz. Existenz kann nicht in Bezug zu etwas negiert werden, wie eine Eigenschaft hinsichtlich von etwas negiert werden kann. Die Negation der Existenz läuft immer auf die Leugnung hinaus, daß etwas in Frage Stehendes identisch mit einem Existierenden ist.

Nichtsein beruht daher letztendlich auf einem nicht-identisch Sein mit einem Existierenden. Und sicherlich gibt es so etwas wie nicht identisch mit einem Existierenden zu sein. Es gibt eine Tatsache wie die, daß der Nikolaus nicht (identisch mit) ein Existierender ist, und es gibt die Konstituenten dieser Tatsache, nämlich den Quantor *nicht*, die Variable *Entität*, den Nexus *es gibt* und die Relation *Identität*. (Ist der Nikolaus eine Konstituente der Tatsache, daß er nicht existiert? Ich glaube nicht. Doch dies ist eine andere Geschichte, die wir früher berührten, als wir über negative Existenz sprachen). Insofern diese Konstituenten der Tatsache existieren, könnte man sagen, daß Nichtsein existiert. Es gibt aber keine gesonderte Entität Nichtsein, keine Eigenschaft oder ein Merkmal dieser Art. Und dies zeigt den Vorrang des Seins vor dem Nichtsein. Hegel hatte Unrecht.

Machen wir eine Bestandsaufnahme. Wir sahen, daß Nichts zwei unanalysierbare Bestandteile hat: den Quantor *nicht* und die Variable Ding. Ebenso entdeckten wir, daß Nichtsein eher komplex ist, weil es auf keiner Entität ‚identisch sein mit einer gegebenen Entität' beruht. Doch das Nichtsein fügt nichts Neues zu unserem ontologischen Bestand hinzu. Insofern sind wir lediglich auf den Quantor und die Variable festgelegt worden (und natürlich die Identität). Doch die Negation konfrontiert uns mit einer völlig neuen Art von Entität.

Bekanntschaft mit negativen Tatsachen

Eine Diskussion der Negation ist schwierig, weil vier unterschiedliche Themen dazu neigen, sich zu überschneiden, und sehr oft durcheinander geworfen werden. Zuerst ist da die Aufgabe, klar und deutlich zwischen Negation einerseits und Nichts sowie Nichtsein andererseits zu unterscheiden. Wir haben gerade versucht, diese wichtige Unterscheidung zu klären. Zweitens gibt es das erkenntnistheoretische Problem, ob wir mit negativen Tatsachen bekannt sind, und wenn ja, in welcher Weise. Das ist das Thema dieses Kapitels. Drittens ist mit diesem Problem die Frage verbunden, ob es überhaupt negative Tatsachen gibt. Denn es ist offensichtlich, daß jemand, der glaubt, daß wir niemals mit negativen Tatsachen bekannt sind, daraus schließen wird, daß es keine derartigen Tatsachen gibt. Und schließlich viertens, wenn es negative Tatsachen gibt, wie ich glaube, dann muß man versuchen, diese zu sezieren, um die Natur der Negation zu entdecken.

Wenn man nicht mit negativen Tatsachen bekannt ist, dann muß man schließen, wie ich gerade sagte, daß es derartige Dinge nicht gibt. Oder um es klarer zu sagen: wenn man negative Tatsachen nicht *wahrnehmen* kann, ist man geneigt, deren Existenz zu bestreiten. Ein Beispiel für diesen Fall ist die Behandlung negativer Tatsachen durch den französischen Philosophen Henri Bergson (1859-1941):

> Somit vollführe ich zwei sehr deutliche Akte, wann immer ich einer Behauptung ein 'nicht' hinzufüge, wann immer ich in Abrede stelle: (1) interessiere ich mich für das, was einer meiner Mitmenschen behauptet oder was er eigentlich sagen wollte oder was gesagt worden sein könnte von einem anderen Ich, das ich vorwegnehme; (2) zeige ich an, daß eine andere Behauptung, deren Inhalt ich nicht spezifiziere, an die Stelle derjenigen treten muß, der ich mich gegenübersehe. Nun gibt es in keinem dieser Akte etwas anderes als Behaupten. Der besondere Charakter der Verneinung rührt von der Überlagerung des zweiten Aktes durch den ersten her. (Bergson 1911, Kap. 4)

Man beachte, daß Bergson behauptet, daß die zwei in dem Prozeß beteiligten Akte affirmativ sind. Ich verstehe dies so, daß er behauptet, daß alle Urteile affirmativ sind. Es gibt, genau gesagt, keinen Akt der Verneinung von etwas. Wie geht dieser Prozeß vor sich?

> Wenn man sich streng an die Ausdrücke des Satzes: 'Der Boden ist nicht feucht' hält, so findet man, daß er zweierlei bedeutet: (1) daß man glauben könnte, der Boden sei feucht, (2) daß die Feuchte tatsächlich durch eine gewisse Qualität x ersetzt wird. Diese Qualität wird unbestimmt gelassen, entweder weil wir keine positive Kenntnis davon haben oder weil es für die von der Verneinung angesprochene Person nicht von wirklichem Interesse ist. (Ibid.)

Bergsons Auffassung besteht aus zwei Teilen. Er erklärt, wie die Affirmation einer negativen Tatsache zustande kommt, und er erzählt uns, welcher Sachverhalt affirmativ ist. Angenommen ich gehe im Picknick-Bereich an einem See spazieren. Es hat erst kürzlich geregnet, und ich entdecke, daß der Boden in der Nähe des Sees feucht ist. Als ich zu dem von mir bevorzugten Picknick-Platz am See komme, sehe ich jedoch, daß der Boden tatsächlich trocken ist. Meine Erwartung hat sich nicht erfüllt. Somit bilde ich, in Erwiderung zu meiner Erwartung, das Urteil, daß der Boden nicht feucht ist. Hätte es die Erwartung nicht gegeben, dann hätte ich dieses Urteil nicht gefällt. Ich wäre mit dem Beobachtung, daß der Boden trocken ist, zufriedengestellt. Dies zeigt, welche Rolle die Erwartung in der Bildung von negativen Urteilen spielt. Wenn es zudem nicht die Wahrnehmung gäbe, daß der Boden trocken ist, könnte ich nicht behaupten, daß er nicht feucht ist. Ich folgere, daß meine Erwartung nicht erfüllt wurde, durch die Schlußfolgerung: weil der Boden trocken ist, kann er nicht feucht sein. Dies zeigt, daß das negative Urteil durch Schlußfolgerung zustande kam und nicht durch Beobachtung, nämlich durch Schlußfolgerung aus der Beobachtung, daß der Boden trocken war, was ein positiver Sachverhalt ist. Daher können wir, nach Bergson, urteilen, daß ein negativer Sachverhalt der Fall ist, auf der Grundlage gewisser Beobachtungen, doch wir können einen solchen Sachverhalt nicht wahrnehmen. Wir können nur positive Sachverhalte wahrnehmen. Wir können wahrnehmen, daß der Boden trocken ist oder daß der Boden feucht ist, aber wir können nicht wahrnehmen, daß der Boden nicht feucht oder nicht trocken ist. Wir können nur urteilen, daß er nicht feucht ist, auf der Grundlage einiger positiver Sachverhalte, die wir wahrgenommen haben.

Sartre (1905-1980) hat gegen Bergsons Theorie argumentiert und gesagt, daß man buchstäblich z.B. sehen kann, daß Peter nicht anwesend ist. Seine Beschreibung von Peters Abwesenheit in dem von ihm häufig besuchten Restaurant ist ein berühmtes Stück des Sartreanismus (Sartre: Das Sein und das Nichts). In diesem besonderen Fall stimme ich Sartre zu: wir nehmen negative Tatsachen wahr. Ich kann sehen, daß Peter nicht anwesend ist, ich kann hören, daß das Radio nicht spielt, ich kann schmecken, daß der Wein nicht süß ist, ich kann fühlen, daß der Schmerz nicht stechend ist, usw. Mir scheint, daß mentale Akte des Wahrnehmens (wie auch andere Arten mentaler Akte) uns direkt und unmittelbar negative Sachverhalte präsentieren, wie sie uns auch positive Sachverhalte präsentieren. Aber ich muß zugeben, daß ich nicht weiß, wie ich diese Überzeugung begründen kann. Wir haben in unserer Diskussion einen Punkt erreicht, wo jeder für sich selbst zu entscheiden hat, ob er negative Sachverhalte wahrnimmt oder ob er durch einen Prozeß der Schlußfolgerung zu ihnen gelangt.

Nach dem zweiten Teil von Bergsons Auffassung ist das durch Schlußfolgerung erlangte negative Urteil so, daß der Boden eine bestimmte Qualität X hat, die inkompatibel mit der Qualität, feucht zu sein, ist. Der geurteilte Sachverhalt hat, genau genommen, nicht die Form:

(1) Der Boden ist nicht feucht,

sondern die folgende, völlig verschiedene Struktur:

(2) Der Boden hat eine Qualität X, die inkompatibel mit Feuchtsein ist.

Soweit wir Bergsons Analyse in diesen Begriffen interpretieren, sehen wir, daß sein Versuch, negative Sachverhalte zu eliminieren, nicht erfolgreich war. Die Negation ist nicht nur in (1) präsent, sondern ebenso in (2) in der Form der sonderbaren Relation der Inkompatibilität. Und dies führt zu der interessanten Frage, ob wir die Beziehung der Inkompatiblität zwischen Eigenschaften *wahrnehmen* können. Schließlich argumentieren wir folgendermaßen:

(3) Der Boden ist trocken (dies wurde wahrgenommen).
(4) Trockenheit ist inkompatibel mit Feuchtigkeit.

Daher folgt:

(5) Der Boden hat die Eigenschaft X, die mit Feuchtsein inkompatibel ist.

Die Frage ist nun: wie entdecken wir, daß (4) der Fall ist? Ist (4) eine Angelegenheit der Wahrnehmung? Trifft dies zu, was wurde genau wahrgenommen? Nehmen wir an, daß (4) auf schlechte Weise behauptet, was sich deutlicher so ausdrücken läßt:

(6) Immer wenn etwas trocken ist, dann ist es nicht feucht und umgekehrt.

Man könnte dann behaupten, daß (6) durch Induktion aus einzelnen wahrgenommenen Fällen gewußt wird: ich sehe, daß dieser Boden trocken und nicht feucht ist, ich fühle, daß dieses Kleidungsstück trocken und nicht feucht ist, und ich sehe, daß diese Wand trocken und nicht feucht ist, usw. Auf diese Weise könnten wir zu dem generellen Gesetz gelangen, daß etwas genau dann trocken ist, wenn es nicht feucht ist. Obwohl dies eine plausible Geschichte von dem ist, wie wir erkennen, daß Trockenheit mit Feuchtigkeit inkompatibel ist, paßt sie nicht in Bergsons Auffassung von den Dingen, denn sie beruht ganz offensichtlich auf der Annahme, daß wir diese Dinge als *nicht feucht* wahrnehmen können.

Nehmen wir an, daß (4) behauptet, daß eine gewisse Relation zwischen zwei Eigenschaften besteht. Wie können wir diese Tatsache entdecken? Können wir diese Relation ebenso wahrnehmen wie z.B. die Beziehung, daß ein Kreis *größer als* ein anderer ist? Doch wie kann dies wahrgenommen werden? Um *wahrzunehmen*, daß ein Kreis größer als ein anderer ist, muß ich beide Kreise sehen. Ähnlich ist es, wenn ich die Relation zwischen Trockenheit und Feuchtigkeit wahrnehmen möchte. Bedeutet dies, daß ich auf einen Suppenteller sehen muß, der halb troc??ken und halb feucht ist, um beide Eigenschaften gleichzeitig wahrzunehmen? Und wie konstituiert dieses gleichzeitige Blicken auf zwei Eigenschaften die Eigenschaft der Inkompatibilität? Es mag plausible Antworten auf diese Fragen geben, aber ich denke, daß sie zeigen, daß die

Behauptung, daß man die Kompatibilitätsrelation *wahrnehmen* kann, mindestens ebenso suspekt ist wie die Behauptung, daß man Negation sehen kann. Andererseits muß man, wenn man meint, daß man diese Relation nicht wahrnehmen kann, aber in einer anderen Weise erkennt, daß sie zwischen gewissen Paaren von Eigenschaften besteht, diese Art der Erkenntnis detaillierter beschreiben. Zudem stellt sich die Frage, warum es dann nicht ebenso der Fall sein kann, daß diese Art der Bekanntschaft ebenso bei der Negation möglich ist?

Natürlich kann man dem Problem, wie wir mit der Negation bekannt sind – in welcher Form sie auch immer in Sachverhalten vorkommen mag -, vollständig aus dem Weg gehen, wenn man die extreme Position einnimmt, daß es nichts Negatives in sogenannten ‚negativen' Sachverhalten gibt. So kann man z.B. versuchen, sogenannte negative Tatsachen mit Hilfe von Begriffen gewisser mentaler Akte der Bejahung oder Verneinung zu erklären. Die Bejahung eines negativen Sachverhalts nicht-p bedeutet dann einfach, daß man den entsprechenden positiven Sachverhalt p bestreitet. Wenn man ‚behauptet', daß der Boden nicht feucht ist, dann bedeutet dies lediglich, daß man bestreitet, daß der Boden feucht ist. Die Negation verschwindet so aus den Sachverhalten und taucht wieder auf im Geist in der Form ‚negierender' mentaler Akte des Bestreitens.

Es gibt verschiedene Einwände gegen diese Auffassung. Zunächst: ist es wirklich der Fall, daß es diese beiden gegensätzlichen Akte gibt, oder ist der eine lediglich die Negation des anderen? Ist Bezweifeln lediglich nichts anderes als *nicht* zu glauben? Trifft dies zu, dann bedeutet der Satz, daß jemand p bezweifelt, nichts anderes, als daß sie nicht glaubt, daß p und daher, daß man eine negative Tatsache über sie behauptet. Ähnlich verhält es sich, wenn man p bestreitet. Wenn p zu bestreiten nichts anderes bedeutet als nicht zu behaupten, daß p, dann ist diese Auffassung fehlgeschlagen. Doch ich glaube nicht, daß dies ein guter Einwand ist. Angenommen, daß jemand niemals p denkt, daß p bei ihr niemals vorkommt. In diesem Fall ist es sicherlich wahr, daß sie nicht p behauptet, doch es ist nicht wahr, daß sie p bestreitet, denn um p zu bestreiten, muß sie p gedacht haben.

Ich bin jedoch geneigt zu glauben, daß es tatsächlich keinen derartigen Akt des Bestreitens gibt. Mir scheint, daß das Bestreiten von p bedeutet, daß p nicht der Fall ist. Wenn man bestreitet, daß der Boden feucht ist, dann behauptet man, daß es nicht der Fall ist (daß es keine Tatsache ist, daß es nicht wahr ist), daß der Boden feucht ist. Wenn dies richtig ist – und ich bin mir dessen keineswegs gewiß – dann gibt es wirklich keinen unabhängigen, besonderen Akt des Bestreitens. Wenn wir aber annehmen, daß es diese beiden irreduziblen mentalen Akte gibt, dann ergibt dies die wichtige Frage: ist das Bestreiten von p in der Tat dasselbe wie die Behauptung, daß nicht-p? Mir scheint, daß es nicht dasselbe ist. Ich glaube, daß man, um p zu bestreiten, p intendieren muß und nicht nicht-p. Und wenn man nicht-p behauptet, muß nicht-p vor unserem Geist sein. Deshalb können beide Situationen nicht gleich sein. Ähnliches gilt für Glauben und Bezweifeln, zwei Aktarten, die nach meiner Meinung existieren. Nicht-p zu glauben ist völlig verschieden von p bezweifeln. Es ist etwas ganz anderes, ob man glaubt, daß der Boden nicht feucht ist, als wenn man bezweifelt, daß der Boden feucht ist. Nicht nur sind die beiden mentalen Akte in diesen beiden Fällen verschieden, sondern auch das, was vor dem Geist ist (worauf sie gerichtet sind).

Ehrlich gesagt weiß ich nicht, wie stark diese Überlegungen gegen die diskutierte Auffassung sprechen, doch der folgende Einwand scheint mir vernichtend zu sein. Wenn man nicht-p behauptet, so soll dies dasselbe sein, wie wenn man p bestreitet. Welche Tatsache, so müssen wir fragen, macht dieses Bestreiten von p wahr? Wenn man z.B. behauptet, daß der Boden nicht feucht ist, so soll dies dasselbe bedeuten wie, wenn man bestreitet, daß er feucht ist. Wie muß die Welt beschaffen sein, welche *Tatsache* muß sie enthalten, damit dieses Bestreiten wahr ist? Offensichtlich ist es keine Tatsache, daß der Boden feucht ist, denn wir haben angenommen, daß dies nicht der Fall ist. Wichtiger jedoch ist folgendes: Wenn es eine Tatsache wäre, dann würde dies das Bestreiten falsch machen und nicht wahr. Ist es dann eine Tatsache, daß der Boden überflutet ist? Offenbar nicht, denn selbst wenn der Boden nicht überflutet wurde, sondern trocken ist, wäre das Bestreiten wahr. Gibt es andere Tatsachen, die für die Wahrheit des Bestreitens sprechen? Ich sehe keine andere Möglichkeit. Eine Auffassung jedoch, die die Tatsachen nicht nennen kann, aufgrund derer Behauptungen und Verneinungen wahr sind, ist nicht zufriedenstellend.

Die Natur der Negation

Zu jedem positiven Sachverhalt gibt es genau einen zugeordneten negativen Sachverhalt, der dessen Negation ist. So entspricht z.B. dem positiven Sachverhalt, daß der Mond aus Käse besteht, der negative Sachverhalt, daß der Mond nicht aus Käse besteht. Und umgekehrt entspricht jedem negativen Sachverhalt genau ein positiver Sachverhalt. Dies hat einige Philosophen annehmen lassen, daß die Tatsache, daß der Mond nicht aus Käse besteht, tatsächlich die Tatsache ist, daß ein Sachverhalt (eine Tatsache) existiert, die inkompatibel mit dem Sachverhalt ist, daß der Mond aus Käse besteht (vgl. z.B. Demos 1917). Mit anderen Worten, was wir mit dem Satz ‚Der Mond besteht nicht aus Käse' repräsentieren, ist die Tatsache, daß eine Inkompatibilitätsrelation zwischen irgendeiner Tatsache und dem Sachverhalt besteht, daß der Mond aus Käse gemacht ist. Allgemeiner gesagt wird behauptet, was ‚nicht-p' repräsentiert, wird klarer ausgedrückt durch ‚Es gibt eine Tatsache q, von der gilt: q ist inkompatibel mit p'. Man beachte, daß die Inkompatibilitätsrelation *abnormal* ist: sie besteht immer zwischen einer Tatsache und einem bloßen Sachverhalt.

Nach dieser Auffassung ist die Negation eine Beziehung zwischen Sachverhalten. Sie existiert in der Welt ebenso wie jede andere Relation. Doch sie existiert in der Welt nur, weil es negative Tatsachen gibt. Ist diese Auffassung richtig? Ich glaube nicht. Den einzigen Sinn, den ich in der angeblichen Inkompatibilitätsrelation erkennen kann, ist der in Bezug auf die (nicht-relationale) Negation. Wenn man von einer gewissen Tatsache sagt, sie sei inkompatibel mit einem gegebenen Sachverhalt, dann meint dies nicht, daß die beiden einander nicht mögen, oder daß sie wegen ihrer grundlegenden Charaktere oder, weil sie keine gemeinsamen Interessen haben, nicht zueinander passen. Doch was meint es dann? Offensichtlich meint dies genau dies eine: wenn p eine Tatsache ist, dann ist nicht-p keine Tatsache. Genauer gesagt:

(7) ‚p ist inkompatibel mit q'

bedeutet ‚Wenn p der Fall ist, dann ist q nicht der Fall (keine Tatsache) und umgekehrt'. In Kürze:

(8) ‚p ist inkompatibel mit q' bedeutet ‚p ist die Negation von q'.

Für die Erklärung dieser Auffassung ist es nicht ausreichend zu behaupten, daß es eine solche Relation genau dann gibt, wenn ein Sachverhalt die Negation eines anderen ist:

(9) Inkompatibel (p, q) genau dann, wenn (p genau dann, wenn nicht q).

Denn wenn (9) eine Tatsache ist, dann enthält sie zusätzlich zur Inkompatibilitätsrelation auch die nicht-relationale Negation.

Nach einer anderen Analyse ist die Negation eine *negative Exemplifikation*. Die Tatsache, daß a F ist, enthält die positive Exemplifikationsrelation zwischen irgendeinem Ding a und irgendeiner Eigenschaft F. Angenommen, daß es eine Tatsache ist, daß b nicht G ist. In diesem Fall, so behauptet diese Auffassung, besteht eine andere Relation zwischen b und G, nicht die Exemplifikationsrelation, sondern deren Gegenteil. Natürlich ist diese Relation ebenso einfach, ebenso primitiv wie die Exemplifikationsrelation. Es würde nicht nützen, wenn man annimmt, daß sie auf der positiven Exemplifikationsrelation und der Negation beruht. So erscheint die Exemplifikation tatsächlich in zwei Formen: der positiven Exemplifikationsrelation P und der negativen Exemplifikationsrelation N. Wenn a F ist, dann besteht P zwischen a und F, und wenn b nicht G ist, dann besteht N zwischen b und G.

Was gegen diese Auffassung spricht ist, daß es negative Tatsachen gibt, die keine Exemplifikation enthalten. Die negative Exemplifikation kann nicht diese negativen Tatsachen erklären. Man bedenke beispielsweise die Tatsache, daß m kein Mitglied der Menge S ist. Diese Tatsache enthält keine Exemplifikation, sondern die Mitgliedschaftsrelation. Natürlich könnte man behaupten, daß zusätzlich zur negativen Exemplifikation die Relation der negativen Mengenmitgliedschaft besteht. Doch auch dies wäre noch nicht das Ende. Die Tatsache, daß zwei plus zwei nicht fünf ist, enthält weder die Exemplifikation noch die Mengenmitgliedschaft. Wir müßten annehmen, daß es irgendeine Art von negativer Addition gibt. Kurz gesagt erfordert diese Auffassung ein ganzes Bündel negativer Relationen, um die innere Struktur verschiedener Arten negativer Tatsachen zu erklären. Negation wäre nicht univok. Doch sie ist eindeutig univok. Dies wird ganz klar, sobald wir realisieren, daß man jede negative

Tatsache als die Negation eines Sachverhalts durch *es ist nicht der Fall, daß p*, ausdrücken kann.

Schließlich wurde die Auffassung vorgeschlagen, daß die Negation die Welt in der Weise von *negativen Eigenschaften* bewohnt. Nach dieser Auffassung ist die Tatsache, daß b nicht G ist, in Wirklichkeit die Tatsache, daß b H ist, wobei H die Eigenschaft ist, nicht-G zu sein. Hier muß man ebenfalls streng beachten, daß H als eine *einfache, primitive* Eigenschaft gedacht wird. Wenn sie auf G und dessen Negation beruht, wurde kein Fortschritt erzielt. Nach dieser Auffassung treten Eigenschaften immer in Paaren auf, so daß jeder positiven Eigenschaft eine negative Eigenschaft entspricht und umgekehrt. Doch auch diese Auffassung führt zu einer Multiplikation ‚negativer Dinge', denn es gibt viele negative Tatsachen, wie wir soeben gesehen haben, die keine Eigenschaften enthalten. Um es noch einmal zu wiederholen: nach dieser Auffassung wäre die Negation nicht nur eine Sache. Sie wäre nicht univok, und dies scheint mir eindeutig falsch zu sein.

Daher müssen wir folgern, daß die Negation *eine* Sache ist und daß sie am besten verstanden wird als etwas, das sozusagen von außen zu einem Sachverhalt hinzugefügt wird. (Dies war m.E. Freges Auffassung, vgl. seinen Aufsatz über ‚Negation'). Doch dann geraten wir in Probleme einer anderen, aber ebenso hartnäckigen Art. Angenommen, es ist nicht der Fall, daß a F ist. Aus unserer gegenwärtigen Perspektive wird die Negation zu a ist F ‚hinzugefügt', d.h., zu dem Sachverhalt, der keine Tatsache ist, der nicht existiert. Doch wenn es keine solche Sache wie a ist F gibt, wie ist es dann möglich, daß die Negation damit verbunden wird? Frege ist überzeugt, daß sie nicht damit verbunden werden kann: ‚Es muß möglich sein, einen falschen Gedanken zu negieren, und dafür benötige ich den Gedanken; ich kann nichts negieren, was es nicht gibt' (Frege, ibid.). Wir werden an das Dilemma erinnert, das uns dazu führte, wenn auch widerwillig, die Existenz abnormaler Relationen anzuerkennen. Wir wurden zu der Schlußfolgerung genötigt, daß es irgendwelche Relationen gibt, die Existierendes mit Dingen verbinden, die es überhaupt nicht gibt. Nun scheinen wir zu der Behauptung genötigt zu werden, daß die Negation sich selbst mit etwas verbinden kann, was nicht existiert, nämlich mit bloßen Sachverhalten. Vielleicht ist das Bild der Negation als einer Entität, die irgendwie ‚von außen' mit einem bloßen Sachverhalt verbunden ist, mißverständlich. Doch welches andere Bild wäre erhellender? Wir haben jetzt gesehen, daß die Negation keine Konstituente innerhalb negativer

Tatsachen sein kann: sie beruht nicht auf einer negativen Exemplifikation oder auf negativen Eigenschaften. Gibt es eine andere Möglichkeit?

Die Negation in Verbindung mit einer Anzahl von Entitäten bringt eine existierende Tatsache hervor. Vielleicht sollten wir sie als irgendeine Art von Relation zwischen den Konstituenten einer negativen Tatsache denken. Vielleicht ist sie eine Relation, die verschiedene Dinge in ein existierendes Ganzes verbindet, in eine negative Tatsache. Doch wenn sie eine Relation ist, ist es eine Relation einer ganz sonderbaren Art. Es ist eine Relation, die zwischen allen Arten von Entitäten bestehen kann, denn sie verbindet alles, was Konstituente einer negativen Tatsache ist, mit allem anderen in der Tatsache. Zum Beispiel verbindet sie in der negativen Tatsache, daß a nicht F ist, a mit der Exemplifikation und mit F; aber in der Tatsache, daß zwei plus zwei nicht fünf ist, verbindet sie die Zahl zwei mit der Relation der Addition und der Zahl fünf. In komplexeren negativen Tatsachen muß sie eine Anzahl völlig verschiedener Arten von Dingen miteinander verbinden. Kurz gesagt, als eine Relation der besonderen Art muß die Negation kategorieindifferent sein. Wenn diese Konzeption irgendeinen Vorzug hat, dann den, daß die Negation als ‚relationsähnlich' erscheint. So wie ‚gewöhnliche' Relationen der Kleber der Welt sind, ein Kleber, der Dinge zusammenhält und Ordnung in die Welt bringt, so ist die Negation eine Art ‚Superkleber': sie verbindet die unterschiedlichsten Dinge in existierende Ganzheiten, d.h., in Tatsachen. Sie macht etwas aus Nichts. Oder besser gesagt, sie erschafft vollentwickelte Existenzen aus zusammenhangslosen Stücken und Teilen.

BIBLIOGRAPHIE

Aaron, R. I. (1967) *The Theorie of Universals*, Clarendon Press, Oxford.
Anderson, J. (1962) *Studies in Empirical Philosophy*, Angus & Robertson, Sydney.
Armstrong, D. (1978) *Nominalism and Realism*, Cambridge University Press, Cambridge.
– (1983) *What is a Law of Nature?*, Cambridge University Press, Cambridge.
– (1988) ‚Can a naturalist believe in universals?', in Ullmann-Margalit (ed.), *Sciences in Reflection*, Kluwer Academic Publishers, Norwell (Mass.).
– and Forrest, P. (1987) ‚The nature of Numbers', *Philosophical Papers*, 16.
Bergmann, G. (1967) *Realism: A Critique of Brentano and Meinong*, The University of Wisconsin Press, Madison.
Bergson, H. (1911)
Berkeley, G. (1957) *A Treatise Concerning the Principles of Human Knowledge*, ed. C.M. Turbayne, The Library of Liberal Arts, Indianapolis.
Bradley, F. H. (1897) *Appearance and Reality*, Oxford University Press, Oxford.
Brownstein, D. (1973) *Aspects of the Problem of Universals*, University of Kansas Press, Lawrence.
Butchvarov, P. (1979) *Being qua Being: A Theory of Identity, Existence and Predication*, Indiana University Press, Bloomington.
Cantor, G. (1932) *Gesammelte Abhandlungen*, hrsg. von E. Zermelo, Springer, Berlin.
Castaneda, H.-N. (1972) ‚Plato's Phaedo theory of relations', *Journal of Philosophical Logic*, 1.
Cocchiarella, N. (1969) ‚Existence entailing attributes, modes of copulation, and modes of being in second order logic', *Nous*, 3
Cook Wilson, J. (1926) *Statements of Inference*, Oxford University Press, Oxford.
Copleston, F. (1962) *A History of Philosophy*, Image Books, Garden City.
Demos, R. (1971) ‚A discussion of a certain typ of negative proposition', *Mind*, 26.
Forrest, P., and Armstrong, D. (1987) ‚The nature of number', *Philosophical Papers*, 16.
Frege, G. (1988) *Begriffsschrift und andere Aufsätze*, Olms, Heidelberg.
– (2001) *Schriften zur Logik und Sprachphilosophie*, hrsg. von G. Gabriel, Meiner, Hamburg.
Goodman, N. (1956) ‚A world of individuals', in *The Problems of Universals*, Notre Dame Press, Norte Dame.
– (1978) ‚Predicates without properties', in Wettstein, P. French and T. Uehling (eds.), *Contemporary Perspectives in the Philosophy of Language*, University of Minnesota Press, Minnesota.
Grossmann, R. (1974) ‚Bergmanns ontology and the principle of acquaintance' in M.S. Gram and E.D. Klemke (eds.), *The Ontological Turn, Studies in the Philosophy of Gustav Bergmann*, University of Iowa Press, Iowa City.
– (1983) *The Categorial Structure of the World*, Indiana University Press,

Bloomington.
- (1984) *Phenomenology and Existentialism: An Introduction*, Routledge & Kegan Paul, London and New York.
- (1990) *The Fourth Way: A Theory of Knowledge*, Indiana University Press, Bloomington.
Hegel, G.W.F. (1832) *Wissenschaft der Logik. Die Lehre vom Sein (1832)* Meiner (1990), Hamburg.
Heidegger, M. (1976) *Sein und Zeit*, Niemeyer, Tübingen.
Hintikka, J. (1966) *Studies in the Logic of Existence and Necessity, The Monist*, 50.
Hobbes, T. (1958) *Leviathan*, Library of Liberal Arts, Indianapolis.
Hochberg, H. (1984) Logic, Ontology and Language, Philosophia, München.
Husserl, E. (1993) Logische Untersuchungen, drei Bände, Niemeyer, Tübingen
Kant, I. (1998) *Kritik der reinen Vernunft*, Meiner, Hamburg.
Kierkegaard, S. (1992) Der Begriff der Angst, Reclam, Ditzingen.
Leibniz, G. W. (1960-1) *Philosophische Schriften*, Olms, Heidelberg.
Locke, J. (1959) *An Essay Concerning Human Understanding*, ed. A.C. Fraser, Dover Publications, New York.
McKeon, R. (ed. and trans.) (1929) *Selections of Medieval Philosophers*, Charles Scribner's Sons, New York.
McTaggart, J. McT. E. (1921) *The Nature of Existence*, Cambridge University Press, Cambridge.
Meinong, A. (1907) *Über die Stellung der Gegenstandstheorie im System der Wissenschaften*, Voigtländer, Leipzig.
- (1968-78) *Hume Studien I*, in *Gesamtausgabe*, hrsg. von R. Haller und R. Kindiger, Ak Druck und Verlagsanstalt Graz, Graz.
Moreland, J.P. (1985) *Universals, Qualities and Quality Instances*, University Press of America, Lanham.
Price, H.H. (1953) *Thinking and Experience*, Hutchinson, London.
Prior, A.N. (1967) *Past, Present, and Future*, Oxford University Press, Oxford.
Reid, T. (1969) *Essays on the Intellectual Powers of Man*, M.I.T. Press, Cambridge (Mass.)
Russell, B. (1956a) *Introduction to Mathematical Philosophy*, Allen & Unwin, London.
- (1956b) *Logic and Knowledge*, ed. R.C. Marsh, Allen & Unwin, London.
- (1964) *The Principles of Mathematics*, Norton, New York.
Sartre, J.P. Das Sein und das Nichts, Rowohlt, Reinbeck.
Stout, G.F. (1921-2) ‚The nature of universals and propositions‘, in *Proceedings of the British Academy*, 10.
Williams, D. (1966) *Principles of Empirical Realism*, Charles C. Thomas, Springfield (Ill.).
Wittgenstein, L. (1963) *Tractatus logico-philosophicus*, Suhrkamp, Frankfurt a.M.
Wolterstorff, N. (1971) ‚Qualities‘, in C. Landesman (ed.) *The Problem of Universals*, Basic Books, New York.

λόγος
Studien zur Logik, Sprachphilosophie und Metaphysik
Hrsg. von /Edited by
Volker Halbach • Alexander Hieke • Hannes Leitgeb • Holger Sturm

Herbert Hochberg

Introducing Analytic Philosophy

Its Sense and its Nonsense

Starting with the roots of the analytic tradition in Frege, Meinong and Bradley, this book follows its development in Russell and Wittgenstein and the writings of major philosophers of the analytic tradition and of various lesser, but well known and widely discussed, contemporary figures. In dealing with basic issues that have preoccupied analytic philosophers in the past century, the author notes how analytic philosophy is sometimes transformed from its original concern with careful and precise formulations of classical issues into the dismissal of such issues. The book thus examines the change that came to dominate the analytic tradition by a shift of focus from the world, as what words are about, to a preoccupation with language itself.

Herbert Hochberg is Professor for Philosophy at the University of Texas at Austin. He "has emerged as one of the most distinctive and throroughgoing of contemporary ontologists" (Grazer Philosophische Studien).

ISBN 3-937202-21-8
280 Seiten, Pb. € 22,00

Philosophy has been called the science of the possible by philosophers as diverse as Christian Wolff and Bertrand Russell. The modal concepts of possibility and necessity, however, have proved to be ambiguous and recalcitrant to analysis, and their relation to the concept of reality have remained problematic up to the present day. Transcending the worn-out dichotomy between analytic and continental philosophy, this collection of papers takes a fresh look at the metaphysics and logic of possibility and reality, and illuminates them from a great variety of perspectives. Topics include the history of philosophy (from Greek antiquity to David Lewis) as well as the semantics of possible worlds; logic, mathematics and computer science as well as literature and the new media; forms of scientific as well as fictional discourse.

ISBN 3-937202-24-2
ca. 310 Seiten • Paperback € 32,00

Hans Rott
Vitezlav Horák (Eds.)

Possibility and Reality

Metaphysics and Logic

Neuerscheinung

Bernhard Braun

Das Feuer des Eros
Platon zur Einführung

ISBN 3-937202-37-4
199 Seiten Paperback
EUR 28,00

Der orientalische Gott Eros ist in seinen Ursprüngen ein Zerreisser dieser Welt. Er wirft sie aus dem Takt und zerstört ihre Harmonie. Das jedoch war den frühen griechischen Baumeistern des Abendlandes gar nicht recht.
In einem aufregenden Akt wurde der Zerreisser zum Versöhner umgedeutet. Besonders anschaulich wird diese Geschichte beim großen Philosophen Platon. Dort liegen die Wurzeln für eine erregende Spiritualität auf der einen und für die technisch-wissenschaftliche Welteroberung auf der anderen Seite.
Mit didaktischem Geschick entfaltet der Autor mit zahlreichen Ausblicken auf kulturgeschichtliche Hintergründe die faszinierende Denkwelt Platons. Dies erschließt ein tieferes Verständnis für die feurige Leidenschaft des Fortschritts, den wir hassen und lieben, der uns befreit und knechtet, der uns Hoffnung ist und Angst auslöst und von dem wir – so scheint es – doch nicht loskommen.

ontos verlag
Frankfurter Str. 39
63150 Heusenstamm b. Frankfurt
Tel. 06104 - 66 57 33
Fax 06104 – 66 57 34
info@ontos-verlag.de
www.ontos-verlag.com